JN342268

하나님 편인가, 세상 편인가

Originally published in English under the title of

I TALK BACK TO THE DEVIL

Copyright ⓒ 1990 by Zur Ltd.
Published by WingSpread Publishers,
a division of Zur Ltd.,
3825 Hartzdale Drive, Camp Hill, PA 17011, U.S.A.
Korean Translation Copyright ⓒ 2008 by Kyujang Publishing Company
All rights reserved.

본 저작물의 한국어판 저작권은 WingSpread Publishers사와
독점 계약한 규장이 소유합니다.
저작권법에 의하여 한국 내에서 보호를 받는 저작물이므로
무단 전재와 무단 복제를 금합니다.

A. W. 토저 마이티 시리즈(A. W. TOZER Mighty Series)

토저는 교인수의 성장을 위해서라면 대중의 인기에 야합하고, 거대 기업의 경영방식을 무차별 차용하고, 할리우드 엔터테인먼트 방식을 예배에 도입하는 것에 대해 통렬한 비판을 가하였다. 그는 현대의 교회가 물량적 성장을 위해서라면 교회의 순결성을 포기하는 듯한 자세를 보일 때는 그것을 좌시하지 않고 언제나 선지자의 음성을 발하였다. 듣든지 안 듣든지 이스라엘 교회의 세속화를 준엄히 책망했던 예레미야처럼, 토저도 시대에 아부하지 않고 하나님교회의 순정성(純正性)을 파수하기 위해 '강력한'(Mighty) 말씀을 선포했다. 그래서 토저는 '이 시대의 선지자'라는 평판을 들었다. 토저가 신앙의 개혁을 위해 외쳤던 뜨겁고 강력한 메시지를 이 시대의 우리도 들어야 한다. 말씀과 성령에 의한 개혁이 절실히 필요한 이때, 규장에서 토저의 강력한(Mighty) 메시지들을 'A. W. 토저 마이티(Mighty) 시리즈'로 출간한다.

"토저의 설교는 설교단에서 발사되어 청중의 마음을 관통하는 레이저 광선과 같다." - 워렌 위어스비

하나님 편인가, 세상 편인가

I Talk Back to the Devil

A.W. 토저 지음 | 이용복 옮김

규장

| 한국어판 편집자의 글 |

하나님과 세상 사이의
회색지대에서
언제까지 머뭇머뭇 하려는가?

조직신학에서는 세상에 있는 교회를 '전투하는 교회'(Church Militant)라고 칭한다. 그렇다면 지금 세상에 사는 그리스도인은 '전투하는 그리스도인'(Christian Militant)이다. 그리스도인은 사탄과 그 휘하 세력인 죄와 세상, 세상 풍조, 시대정신 등과 휴전 없는 전투를 계속 수행해나가야 한다. 그러나 작금의 그리스도인들은 전의(戰意)를 상실한 것 같다. 세상과 전투해야 한다는 생각조차 없는 것 같다. 그래서 이편 저편도 모르는 상태에 이른 것 같다. 적군인 세상과는 싸우지 않고 아군인 그리스도인 상호 간에 싸우고, 우리의 총사령관인 하나님께 항명(抗命)하며 대적하는 모습을 보인다. 당신은 도대체 누구 편인가? 하나님 편인가, 세상 편인가?

오래 전 월남전을 소재로 한 명장(明匠) 프란시스 포드 코폴라 감독의 〈지옥의 묵시록〉이라는 영화가 있었다. 그 영화를 보면, 위문 공연 온 반라(半裸)의 가수와 무용수들이 출전을 앞둔 장병들의 넋을 빼놓는 장면이 있다. 이와 마찬가지로, 세상과 전선(戰線)을 형성하여 대치하고 있는 그리스도인들의 전투 정신을 오늘 기독교에 침투한 엔터테인먼트가 잠식하고 있다고 토저는 개탄한다. 세상과의 전투에서 전의를 상실한 그리스도인들이 교회 안에서 공연을 보며 웃고 즐기고 박수 치는 오합지졸이 되었다고 토저는 탄식한다.

태평양전쟁 당시 일본에는 '도쿄 로즈'라고 불리는 미성(美聲)의 심리전 방송 여자 아나운서가 있었다. 미군(美軍)들이 향수(鄕愁)를 자극하는 그녀의 라디오 방송을 듣느라 넋을 잃고 있는 사이에 일본군의 기습을 받고 죽는 사람, 그녀의 방송을 듣고 전의를 상실하는 사람들이 속출했다. 토저 또한 우리가 세상과 전선을 형성하고 있을 때에 세상의 심리전 방송이 그리스도인의 전투 의지를 고갈시킨다고 고발한다. 그런데 이 유혹의 심리전 방송 아나운서가 아군인 줄 알았던 주변 교인들이라는 것이다. 그들은 우리를 위해주는 척하면서 이렇게 말한다.

"좀 살살 믿어. 그렇게 믿는 것은 광신(狂信)이야. 좀 점잖게 믿으면 안 돼? 예수 믿는 열정이야 초창기에 누구나 갖는 거야! 유난 떨지 마! 누군 왕년에 안 믿어봤어!"

"이젠 좀 쉬었다 믿으라고! 이제 산 중턱에 올라왔으니 쉬었다 가야지!"

토저는 이 책에서 시종일관 그리스도인은 세상의 심리전 방송에 속지 말고 성숙한 성도, 온전한 성도의 자리로 나아가라고 열렬히 격려한다. 자신은 그저 그런 보통의 그리스도인, 성장하지 않는 난쟁이 그리스도인으로 평생 지내다가 죽는 것이 가장 두렵다고 말한다. 그리스도의 장성한 분량에까지 자라는 것을 뜨겁게 갈망하며 나아가는 것이 그리스도인의 마땅한 본분이라고 역설한다. 당신은 성장이 정체된 난쟁이 그리스도인인가, 계속 자라고 있는 그리스도인인가?

이제 우리는 세상과의 전투를 기피하는 안전지대, 하나님과 세상 사이의 회색지대에 은거하며 구차한 소시민적 평안함에 안주하며 지낼 수가 없다. 중간지대의 회색신앙인으로 살면서 하나님이 주시는 복이 있다면 챙기고, 세상과 간음해서 받는 화대(花代)도 넙죽 받아먹는 자리에서 벗어나야 할 것이다.

엘리야 선지자는 하나님과 바알 사이의 회색지대에 거하면서 결단을 유보하며 눈치 보는 북이스라엘 백성에게 이렇게 외쳤다.

"너희가 어느 때까지 두 사이에서 머뭇머뭇하려느냐 여호와가 만일 하나님이면 그를 좇고 바알이 만일 하나님이면 그를 좇을지니라"(왕상 18:21).

오늘 우리 시대의 엘리야인 토저는 우리를 향해 이렇게 사자후(獅子吼)를 발한다.

"여호와가 만일 하나님이면 그를 좇고 세상이 만일 하나님이면 그를 좇을지니라. 너희는 하나님 편이냐, 세상 편이냐? 이제 둘 사이에서 머뭇머뭇하지 말고 결단하라!"

　　토저의 결단의 촉구를 듣고 이제 당신의 국적(國籍)을 분명히 하라!

　　하나님나라인가, 세상나라인가?

　　하나님의 복을 받을 것인가, 세상이 던져주는 개평을 받을 것인가?

규장 편집국장 김응국 목사

너희가 어느 때까지 두 사이에서 머뭇머뭇하려느냐
여호와가 만일 하나님이면 그를 좇고 바알이 만일 하나님이면 그를 좇을지니라

열왕기상 18장 21절

한국어판 편집자의 글

회색지대에서 벗어나 당신의 입장을 분명히 밝혀라

chapter 01 하나님 편인가, 세상 편인가 둘 중 하나를 택하라 14
chapter 02 유다의 사자처럼 원수를 향해 포효하라 34
chapter 03 소문으로만 알던 하나님을 직접 대면하라 54
chapter 04 난쟁이 그리스도인의 수준에 머물지 말라 70

자기를 부인하고 십자가를 지는 것이 참으로 승리하는 길이다

chapter 05 언제까지 솜사탕 복음에 만족할 것인가? 88
chapter 06 하나님의 뜻에 따라 사는 사람들이 광신도인가? 107
chapter 07 당신의 마음속에 있는 하나님의 경쟁자들을 제거하라 126
chapter 08 영혼의 깊고 어두운 밤을 십자가의 빛으로 통과하라 146

Contents |차례|

하나님 편에 서서 세상을 제압하는 영광된 삶을 살라

chapter 09 내 자아를 머리끝부터 발끝까지 십자가에 못 박으라 166
chapter 10 자아의 진흙 구덩이에서 빠져나와 그리스도를 붙들라 183
chapter 11 하나님과 우리 사이를 가로막는 구름에서 벗어나라 200
chapter 12 등을 살살 긁어주며 아첨하는 자아를 경계하라 215

회색지대에서 벗어나 당신의 입장을 분명히 밝혀라

I TALK BACK
to the DEVIL
PART 1

오늘날 그리스도인들이 두려움에 사로잡혀 세상 앞에 침묵을 지키는 것은 하나님의 영광을 가리는 것이라고 나는 확신한다. 예수님은 살아 계신 분으로서, 우리의 대표자와 중보자와 대제사장으로서 하나님 우편에 앉아 계신다. 그러므로 이것을 믿는 우리는 마땅히 가장 용감하고 가장 관대하고 가장 행복하고 하나님의 평안이 넘치는 사람들이 되어야 한다! 그러므로 우리는 필승의 신념으로 주님 편에 서서 세상과 맞서 싸워 승리해야 한다.

chapter 01

하나님 편인가, 세상 편인가
둘 중 하나를 택하라

> 내가 하나님의 뜻을 따른다고 해서 사람들로부터 칭찬 받기를 바라지는 않는다. 나는 아버지의 뜻을 따를 때 내게 쏟아질 비난에 개의치 않는다. 그렇다면 당신은 누구 편에 서려고 하는가? 하나님 편인가? 세상 편인가?

그리스도만이 해결책이다

당신은 현대의 기독교 운동가들 중 한 사람이 한 말을 들어본 적이 있는가? 그는 "성결에 대해 가장 잘 가르치는 교리를 찾기 위해 나는 아직도 바쁘게 노력한다. 나를 만족시킬 수 있는 더 깊은 영성의 교리를 언제 찾을 수 있을지 나는 모르겠다"라고 말했다.

내가 이런 사람에게 해줄 수 있는 유일한 대답은 "예수님을 바라보고 당신을 온전히 그분께 맡겨라. 그분은 어제나 오늘이나 영원토록 동일하신 하나님이요 그리스도요 구세주요 주님이시기 때문이다"라는 것이다.

영적 승리와 복의 문제를 해결하려고 할 때 우리에게 필요한 것은 교리가 아니라 모든 교리의 주님이시다. 부활이요 생명이신 분, 모든 교리와 진리의 근원이신 분이 우리에게 필요하다는 말이다.

결코 변하지 않겠다고 약속하신 유일한 분이 아닌 다른 존재에게서 영적 해결책과 풍성한 삶을 찾으려고 발버둥 치는 우리는 얼마나 어리석은 존재인가! 어찌하여 우리는 온 우주에서 무한한 권세를 가지신 하나님의 그리스도를 그토록 경시할 수 있는가? 주(主)와 그리스도가 되신 분, 그러면서도 영원한 사랑으로 우리를 계속 사랑하시는 변치 않는 예수님께 절대적으로 굴복하는 데 얼마나 더 시간이 걸리겠는가?

나는 나의 주장을 견지하지 않을 수 없다. 나는 내 교리가 옳고 적절하다는 것을 주장하는 바이다. 왜냐하면 나에게는 아무 의(義)가 없고 오직 주님의 의를 받았기 때문이다. 내 것이라고 주장할 수 있는 것은 아무것도 없다. 다만 나는 "오, 주 예수님! 주님이 저의 의이시고 저는 주님의 죄(罪)입니다"라는 마르틴 루터의 기도문을 내 간증으로 삼을 뿐이다.

예수님께 있었던 죄는 내 죄요 루터의 죄요 당신의 죄이다. 그리고 우리가 가질 수 있는 유일한 의는 그분의 의이다.

그리스도는 변하지 않으신다

그리스도께서는 변하지 않으시며, 그분의 성품과 본질과 능력과 사랑과 긍휼에는 기복이 없다. 그런데 이 사실이 얼마나 중요한지를 깨닫는 것은 쉬운 일이 아니다.

이 세상의 모든 일들과 모든 인간들이 항상 변하고 있기 때문에 우리가 예수 그리스도의 영원불변한 본질과 인격을 이해하는 것은 결코 쉽지 않다. 우리가 잘 알듯이, 어떤 사람에게 명예와 높은 지위와 많은 재물이 주어지면 그는 변하게 마련이다. 그는 자신이 변했다는 것을 스스로 의식하지 못할 수도 있고, 심지어 그것을 부인할 수도 있다. 그러나 분명한 사실은 그의 성품과 태도와 습관과 생활 방식이 전과 달라졌다는 것이다. 그는 교만한 사람으로 변했을 수도 있다. 어쩌면 냉담하고 몰인정한 성격의 소유자가 되었을 수도 있다. 어쩌면 목이 부러질 정도로 목에 힘을 줄지도 모른다. 어쩌면 옛 친구들을 몰라볼 정도로 그들에게 관심이 없어졌을 수도 있다.

그러나 예수 그리스도는 결코 변하지 않으셨다. 이 시간까지 그분의 어떤 것도 변하지 않았다. 그분의 사랑은 변하지 않았고 식지 않았다. 그분의 사랑을 더 늘릴 필요도 없다. 왜냐하면 이미 그분은 우리를 무한한 사랑으로 사랑하셨기 때문이다. 무한한 것을 더 늘린다는 것 자체가 성립될 수 없지 않은가? 우리를 긍휼히 여기고 이해하시는 그분의 성품은 변하지 않았다. 우리에 대한 관심 그리고 우리를 향한 그분의 목적도 변하지 않았다.

그분은 우리의 주 예수 그리스도이시다. 그분은 언제나 동일하신 예수님이시다. 비록 그분이 죽은 자들로부터 부활하여 하늘의 존귀한 분의 우편에 앉으시고 교회에게 만유의 머리로 세우심을 입었지만, 우리를 향한 그분의 사랑은 변하지 않았다. 천지의 모든 권세와 능력을 얻으셨지만 모든 면에서 그분은 언제나 동일하신 예수님이다. 그분은 어저께나 오늘이나 영원토록 동일하시다!

기이한 일을 이루시는 예수께서 언제나 동일하시다는 장엄하고 단순한 사실을 믿는 것이 우리에게는 쉬운 일이 아니다. 왜냐하면 우리는 모든 것을 더 좋게, 더 크게 변화시키는 데 아주 익숙해져 있기 때문이다.

이런 우리의 지극히 인간적인 심리를 잘 대변해주는 인물이 구약성경에 나온다. 그(나아만)는 문둥병에 걸린 사람이었다. 그는 하나님의 선지자(엘리사)가 자기에게 와서 경건한 자세를 취하고 매우 위엄 있는 목소리로 문둥병을 향해 "사라져라!"라고 외치기를 원했다. 그러나 선지자는 그에게 자존심을 버리고 요단강으로 가서 그 물에 목욕을 하면 나을 것이라고 말했다. 다시 말해서, 하나님께서는 그에게 아주 단순한 것을 요구하셨던 것이다.

당신과 나는 하나님께서 우리를 대하시는 방법에 항상 만족하지는 않을 것이다. 왜냐하면 우리는 새로운 것, 어려운 것, 큰 것, 극적인 것을 행하기를 원하지만 그분이 이런 우리에게 급제동을 거시기 때문이다. 우리가 원하는 것이 있을 때마다 그분은 우리에게 믿음이라는 단순한 것을 기억나게 하신다. 우리가 무엇을 구할 때마다 그분은 예수 그리스도께서 변하지 않으신다는 단순한 사실에 의지하라고 말씀해주신다.

언제나 동일하신 예수님이 당신의 형제이시다! 그분은 아버지의 우편에서 당신의 형상을 지니고 계신다. 그분은 당신의 모든 어려움과 연약함과 죄를 알면서도 당신을 사랑하신다.

언제나 동일하신 예수님이 당신의 구주요 대언자(代言者)이시다! 그분은 아버지 앞에 서서 당신을 완전히 책임지신다. 그분은 당신이 이제까지 알았던 그 어떤 친절한 설교자보다 더 교제하기 편하다. 그분은 당신이 이제까지 알았던 그 어떤 겸손한 친구보다 더 접근하기 쉽다.

언제나 동일하신 예수님은 우리 위를 비추는 태양이요 우리의 밤을 밝히시는 별이시다. 그분은 우리에게 생명을 주시고 우리의 소망의 반석이시다. 그분은 우리의 안전이요 우리의 미래이시다. 우리의 의(義)요 성화(聖化)요 기업(基業)이시다. 당신의 마음이 믿음으로 예수님을 향하는 순간, 그분이 이런 모든 의미로 당신에게 다가오실 것이다. 우리의 마음과 존재의 깊은 곳에서 우리는 예수님을 찾아가는 여행을 시작해야 한다. 발이 연약하여 오래 걸을 수 없는 사람이라 할지라도 얼마든지 이 여행을 할 수 있다.

밖으로만 향하려는 그리스도인들

많은 그리스도인들은 활동에 매우 능하다. 그들은 잘 돌아다닌다. 각종 종교 여행에 참여한다. 그러나 마음과 영(靈)으로 예수님께 나아가는 여행에는 별로 관심이 없는 것 같다. 현대의 종교가 그렇게 활동을 강조하는 것을 볼 때, 나는 애완동물 가게의 쇼윈도에서 본 일본 쥐들이 생각난다. 사람들이 그것들을 '춤추는 쥐들'이라고 부르는데, 사실 나는 왜 그렇게 부르는지 이해할 수 없다. 왜냐하면 그것들은 왈츠를 추는 것이 아니라 계속 달리기만 할 뿐이니까. 아무튼 내가 말하고 싶은 것은 교인들이 이런 쥐들처럼 끊임없이 움직인다는 것이다. 어떤 그리스도인들은 날이 가고 달이 가도 끝없이 세미나, 워크숍, 부흥회, 각종 강좌나 집회에 참석하는 것이 영성(靈性)의 상징이라고 생각한다.

이런 얘기를 하다보니까 자연스럽게 신약에 등장하는 마르다와 마리아 두 자매의 이야기가 생각난다. 마르다도 예수님을 분명히 사랑했지만, 그녀는 자신의 활동이 '헌신'이라고 믿었다. 활동적인 성격의 소유자인 그녀는 자기가 주님을 사랑하기 때문에 끊임없는 활동을 통해 그 사랑을 드러내야 한다고 믿었다. 마리아도 예수님을 사랑했지만 헌신에 대한 그녀의 개념은 달랐다. 그녀는 심적(心的)으로 하나님을 향한 뜨거운 사랑에 불탔다. 우리 주님은 이 두 사람의 태도의 차이를 아셨는데, 물론 지금도 그 차이를 아신다.

현재 교회에서 각종 활동이 활발히 이루어지고 있지만 그것이 신자들의 영성을 풍성하게 만들지는 못한다. 교회들을 자세히 살펴보라. 그러면 절반쯤 구원받은 사람들, 절반쯤 거룩하게 된 사람들 그리고 육신적인 사람들이 많이 보일 것이다. 그들은 신약에 대해서는 많이 알지 못해도 세상살이의 사소한 것들에 대해서는 박사이다. 성령님에 대해서는 많이 알지 못해도 연애소설이나 TV연속극은 줄줄 꿰고 있다.

교인들이 모이면 그들은 무엇을 해야 할지 크게 고민하지 않고 척척 결정한다. 이런 모습을 옆에서 보고 있노라면 '저 사람들의 활동이 주님을 모르는 세상 사람들의 활동과 무엇이 다른가?'라는 생각이 든다.

이런저런 모임, 간담회, 훈련 과정 등을 쫓아다니는 것만으로는 충분하지 않다. 예수님은 마리아가 정말로 필요한 것 한 가지를 안다고 칭찬하셨다. 그녀는 우리의 정신적 또는 육체적 활동보다 더 중요한 것이 하나님을 사랑하고 찬양하는 것임을 알았던 것이다! 그녀는 심적으로 하나님을 향한 뜨거운 사랑에 불탔다. 나는 이것이 좋다. 이것이 활동에 끊임없이 빠져드는 요즘의 교인들에게는 이상한 이야기로, 심지어 거의 이단적인 이야기로 들릴지 모르겠지만, 아무튼 나는 이것이 좋다.

우리가 계속 외형적인 활동에만 몰입하는 성도가 되어서는 안 된다는 것이 나의 주장이다. 밖으로만 향하려는 그리스도인들은 대개 외형적인 것들을 중시하면서 살아가기 때문에 슬프게도 내적 생명과 성장을 소홀히 한다.

당신은 예수님이 제자들에게 "너희는 온 천하에 다니며 만민에게 복음을 전파하라"(막 16:15)라고 말씀하신 것을 기억할 것이다.

만일 이 말씀을 듣고 베드로가 즉시 자리에서 일어나 모자를 집어 들고 길을 떠나려고 했다면 주님께서는 "베드로야, 아직은 아니다. 위로부터 임하는 능력을 받을 때까지 기다렸다가 그 다음에 떠나거라"라고 말씀하셨을 것이다.

우리가 주님을 위해 바쁘게 일하기 전에 먼저 주님을 예배하면서 주님을 더 많이 아는 것이야말로 주님의 뜻이다. 주님이 원하시는 것은 우리가 먼저 성령의 은사를 받고 내적 체험을 하는 것이다(이것이 우리의 일차적인 섬김이다). 그러면 이런 체험으로부터 심오하고 깊고 거룩한 활동이 샘솟을 것이다.

신앙의 아마추어들

몇 년 전, 나는 올리버 버즈웰(Oliver Buswell, 1895~1977. 미국 장로교 신학자이며 교육가로서 휘튼대학의 총장을 지냈다) 박사가 "현대 교회들은 우후죽순(雨後竹筍)처럼 생기는 아마추어 신앙인들 때문에 피해를 당하기 시작했다"라고 경고하는 말을 들었다. 그는 자신을 선지자로 여기지 않았겠지만 그의 예언은 적중했다. 왜냐하면 현재 우리 주변에서는 신앙의 아마추어들이 사방으로 분주히 날뛰고 있기 때문이다.

새로 회심한 사람들, 즉 그리스도 안의 어린아이가 생기면 우리는 제일 먼저 그들에게 "여기 전도책자가 있으니 나가서 사람들에게 열심히 나누어주시오"라고 말한다.

그러나 주님은 그렇게 말씀하지 않으셨다. 주님이 제일 먼저 요구하신 것은 심적으로 하나님을 뜨겁게 사랑하는 것, 다른 어떤 정신적 육체적 활동보다도 먼저 그분을 사랑하고 찬양하는 것이었다. 이렇게 하는 것이 하나님을 사랑하는 것이요 신령한 사람이 되는 것이요 그분을 향해 성별(聖別)되고 깊고 지속적인 애정을 품는 것이다. 이것은 잠깐 스쳐 지나가는 어떤 영적인 느낌보다 훨씬 더 차원 높은 것이다. 이것은 몸에 소름이 돋는 체험이 없더라도 가능하다.

주님을 향해 성별되고 깊고 지속적인 애정을 품는 것! 여기에는 다소간 감정이 따르게 마련이다. 하지만 이것은 몇 시간 비가 억수로 퍼붓다가 몇 주 동안 비가 한 방울도 떨어지지 않는 것과 같지는 않다. 이것은 주 예수 그리스도를 향해 드러난 사랑이다. 이것은 끊임없이 퍼붓는 사랑이요 성별되고 깊고 지속적인 사랑이다.

그리스도를 향해 이런 숭모(崇慕)의 마음을 품고 언제나 동일하신 그분을 알고 사랑하는 사람이라면 불안정한 성도들을 오랜 세월 괴롭혀온 몇 가지 교묘한 덫에 걸려들지 않을 것이다. 이런 사람은 사람들 때문에 넘어지지 않는다. 이런 사람은 항상 하나님을 갈망하는 마음을 가질 것이다. 그러면서도 주변 사람들의 불완전함 때문에 넘어지는 일은 없다.

토마스 아 켐피스(Thomas a Kempis, 1380~1471. 독일의 신비가 및 영적 생활의 지도자)는 자신의 책 「그리스도를 본받아」에서 "마음의 평안을 얻기를 원한다면 다른 사람들에 대해 너무 많이 알려고 하지 말라"라고 말했다. 그렇다! 당신 주변의 믿음의 형제자매들을 들여다보는 데 시간을 너무 많이 쏟다보면 그들의 부족한 점들이 눈에 보일 것이다. 모든 우상들에게는 '숨겨진 결점'이 있다는 것을 잊지 말라.

우리가 잘 알고 있듯이, 주님은 우리가 성인(聖人)들을 숭배하기를 원하지 않으신다. 또한 그분은 우리가 설교자나 선생을 숭배하기를 원하지 않으신다. 하나님께서는 당신이 최고로 치는 사람에게 집착하지 못하도록 하시는데, 그래야 그 사람이 세상을 떠나도 당신의 신앙이 퇴보하는 일이 없을 것이다.

칭찬 받는 그리스도인, 책망 받지 않는 그리스도인

그리스도를 향해 숭모의 마음을 품고 언제나 동일하신 그분을 알고 사랑하는 사람은 또한 사람들의 칭찬 때문에 넘어지지 않는다. 신앙인을 실족하게 만들 가능성이 더 높은 것은 사람들의 비난이 아니라 사람들의 칭찬이다.

사탄은 우리가 다른 그리스도인들보다 경건하고 우월하다고 믿도록 만든다. 이것이 그가 즐겨 사용하는 덫이다. 우리가 이 덫에 걸려들게 하려고 그는 다른 사람들로 하여금 우리에게 "형제님은 참 신앙생활을 잘 하십니다. 형제님은 겸손하지도 자비롭지도 못한 다른 그리스도인들을 어찌 그렇게 관대하게 대하십니까?"라고 말하게 한다.

당신이 하나님을 향해 새롭게 발걸음을 내디딜 때마다 사탄은 무슨 수를 써서라도 당신에게 "하나님은 너를 자랑스러워하신다. 너는 정말 대단한 존재이다"라고 속삭인다. 이런 속삭임에 넘어가 당신이 "그래, 맞아! 내가 봐도 그런 것 같아!"라고 말하는 순간, 당신은 그것으로 끝이다!

주변의 그리스도인들이 당신에게 던지는 비난은 어떤가? 그들이 당신에 대해 말하는 것이나 행동하는 것에 거의 개의치 않을 정도로 당신은 그리스도 안으로 숨었는가? 영적으로 굳게 서 있는가?

우리가 꼼짝하지 않고 앉아서 영적인 전진을 하지 않으면 누구도 우리를 귀찮게 하지 않는다. 우리에게 다가와 팔로 우리의 어깨를 감싸며 "이 산에 거할 만큼 거했으니 이제 일어나 이 요단강을 건너라!"라고 말할 사람은 단 한 명도 없다. 그러나 우리가 영적 갈급함과 소원에 따라 요단강을 건너려고 하면 적어도 열네 명의 사람들이 우리가 미치지 않을까 염려하여 다른 사람들에게 "제발 이 사람들을 위해 기도해주십시오"라고 부탁할 것이다.

이제까지 목회하면서 내가 영적으로 차가워졌을 때, 그것에 대해 나를 책망한 사람은 거의 없었다. 사람들은 목회자에게 찾아와 "목사님, 목사님이 더 이상 뜨겁지 않습니다. 영성에 문제가 생긴 것입니까?"라고 말하지 않는다. 다시 말해서, 당신의 신앙이 침체에 빠져도 어떤 그리스도인도 그것에 주목하거나 책망하지 않는다는 것이다.

더 작아지는 그리스도인

그러나 당신이 영적 승리와 복을 얻기 위해 하나님을 열심히 찾기 시작하면 사람들은 당신에게 분노하면서 "형제여, 당신의 신앙을 그렇게 과시하면 안 됩니다"라고 비난할 것이다. 우리가 기독교 신앙 안에 있으면서도 사탄으로부터 땅을 한 뼘씩 빼앗을 때마다 손톱에서 피가 나고 무릎이 까져야 한다는 것은 참으로 이상한 일이다! 그렇기 때문에 그토록 많은 그리스도인들이 사탄에게서 그토록 적은 땅을 빼앗는 것이다. 우리 중 많은 사람들은 회심할 때 소유했던 영적 영토보다 오히려 더 적은 땅을 소유하고 있다.

여러 해 전 웨스트버지니아 주(州)에서, 나는 진흙으로 덮인 도로에서 인쇄물 한 장을 주웠다. 누가 그것을 거기에 놓았는지 결코 알 수 없겠지만, 분명한 것은 하나님께서 나로 하여금 그것을 보고 기억하게 하셨다는 것이다. 그 인쇄물에는 단 하나의 문단으로 이런 글이 적혀 있었다.

"태어날 때보다 성장하면서 오히려 더 작아지는 것이 이 우주에 딱 두 개 있다. 하나는 장수말벌이고 다른 하나는 교인이다."

솔직히 말해서 나는 장수말벌에 대해서는 잘 모르겠고, 교인에 대해서는 충분히 안다고 생각한다. 많은 교인들은 화려하게 시작한다. 그러다가 주변을 둘러보고는 주변의 그리스도인들처럼 되겠다고 마음먹고 그만 주저앉는다. 그들처럼 신앙의 침체에 빠지는 것이다. 놀라운 것은 그토록 많은 사람들이 그렇게 침체에 빠져 있으면서도 스스로 깨닫지를 못한다는 것이다.

영원한 승리자요 만세 반석이요 능력의 구속자(救贖者)요 구원자이신 분의 교회에 속한 그리스도인들이 이런 상태에 빠져 있는 것은 참으로 슬픈 일이다. 왜 우리는 그분이 우리에게 약속하신 모든 것을 누리며 살지 못하는가?

그리스도는 언제나 동일하시다

성경 해석, 사도들, 하나님의 기적 그리고 성령충만에 대한 오늘날의 많은 잘못된 교훈을 생각할 때 나는, 당신에게 주 예수 그리스도가 어제나 오늘이나 영원토록 동일하시다는 것을 상기시키지 않을 수 없다. 이런 배경에서 나는 복되고 위로가 되는 사실을 당신에게 말하지 않을 수 없는데, 왜냐하면 나는 이것이 참되다는 것을 알게 되었기 때문이다. 누가 뭐라고 해도 나는 끝까지 이 사실을 주장할 것이다.

내가 깨달은 사실은 이것이다. 예수님은 자신의 제자들을 위해 행하신 것들 중 그 어떤 것이라도 자신의 다른 제자들을 위해 행하실 수 있다는 것이다!

어떤 사람들은 진리의 말씀을 나누어 어떤 것은 받아들이고 어떤 것은 거부한다. 그들은 성령의 모든 은사들이 마지막 사도의 죽음과 더불어 종식되었다는 은사중지론을 주장하는데, 도대체 그들은 어디서 그런 교훈을 배웠을까? 그들은 자기들의 주장을 뒷받침할 수 있는 성경구절을 제시하지 못한다. 그들은 자기들이 하나님의 말씀을 굳게 지지한다는 것을 보여주기 위해 손으로 성경책의 표지를 탁탁 치곤 하는데, 나는 그들에게 "당신들이 지지하는 것은 성경이 아니라 성경에 대한 당신들의 해석일 뿐이요"라고 말해주고 싶다.

주님이 변하신다는 구절은 성경에 나오지 않는다. 그분의 사랑과 은혜와 긍휼과 능력은 전혀 변하지 않았다. 그분의 자녀들에게 복 주기를 원하시는 그분의 마음도 전혀 변하지 않았다. 당신은 그분이 제자들에게 허락하신 것을 당신에게는 허락하지 않으신다고 믿는가? 그렇다면 당신의 주장을 증명해보라. 그분은 누구에게나, 무엇에게나 언제나 동일하시다!

교만한 자들을 향한 주님의 태도 역시 변하지 않았다. 성경의 기록을 보면, 교만한 자들이 주님을 찾아왔을 때 주님은 그들에게 늘 한결같은 태도를 보이셨다. 웬일인지 그들은 주님의 온유하고 겸손하고 인자하고 자비로운 면을 결코 볼 수 없었다. 언제나 그들은 잘못된 방향에서 주님께 접근했고, 결국 그들에게 돌아온 것은 공의와 심판과 책망과 경고와 화(禍)였다. 교만한 자들이 마땅히 받아야 할 것들이 그들에게 돌아온 것이다! 그들뿐만 아니라 자기의(自己義)에 빠진 자들, 정직하지 못한 자들 그리고 위선자들이 모두 잘못된 방향에서 주님께 접근했다.

예수님의 초상화를 그리는 현대의 화가들에게 "그분은 곱슬머리의 곱상한 약골이 아니셨다"라고 말해줄 때가 되었다. 그들에게 사실을 말해주어야 한다. 즉, 그분이 하나님의 아들이시며, 장차 백마를 타고 옆구리에 검(劍)을 차고 하늘을 가르며 오실 것이라고 말해주어야 한다. 그분은 세상을 심판하실 것이며, 만인을 그분의 발 아래로 부르실 것이며, 그들은 그분의 위엄과 권세와 순결함과 창조의 능력으로 인하여 그분을 찬양할 것이다.

그분은 변치 않는 예수님이시다. 그분은 앞으로도 언제나 동일하실 것이다. 그분은 온유한 사람들, 애통하는 사람들, 마음이 상한 사람들 그리고 회개하는 사람들에게 언제나 동일하시다. 이런 사람들은 올바른 방향에서 그분께 접근하기 때문에 그분은 그들을 쫓아버리지 않으신다. 그들을 기꺼이 용서하신다. 그들을 즐겨 위로하시고 복을 주신다.

그분이 우리를 사랑하신다

예수님께 굳이 우리가 필요하지 않다는 것을 우리는 잘 안다. 그렇기 때문에 우리는 그분이 우리를 기꺼이 사랑하고 돕고 복을 주신다는 사실을 잘 이해하지 못한다. 그분의 속성들 중 하나가 전능하심이기 때문에 그분에게는 굳이 우리가 필요 없다. 그렇다면 문제의 본질은 무엇인가? 그것은 그분이 우리를 사랑하신다는 것이다!

예를 들어 생각해보자. 여기에 날로 번성하는 거대 기업의 사장이 있다. 그는 승용차 몇 대와 비행기 몇 대를 마음대로 쓸 수 있고, 그가 지시만 하면 수백 명의 사람들이 즉시 행동한다. 그런데 이 사람에게는 세 살짜리 딸이 있다. 그렇다면 그에게 이 딸이 필요할까? 결코 그렇지 않다. 하지만 그는 자신의 딸을 사랑하고 원한다. 그 아이가 필요로 하는 것이나 원하는 것을 제공해줄 마음이 언제나 그에게 있다.

하나님과 우리 사이의 관계도 이와 비슷하다. 우리가 태어나기 전에도 그분은 하나님이셨다. 즉, 전능하신 하나님이셨다.

물론 그분께 우리가 굳이 필요한 것은 아니다. 우리 인간의 재능과 능력이 그분에게는 아무 의미가 없다. 그러나 그럼에도 불구하고 그분은 우리의 사랑을 필요로 하고 우리의 사랑을 원하신다.

사도 요한은 하나님의 아들의 가슴에 귀를 대고 그분의 심장의 박동 소리를 들었던 사람이다. 주님은 그의 사랑과 헌신을 인정해주셨고, 그는 '예수님께 사랑을 받는 제자'라고 불렸다. 물론 그분은 다른 제자들도 사랑하셨다. 그러나 그 사랑은 요한을 향한 사랑만큼 크지는 않았다. 왜냐하면 그들이 그분께 보인 사랑이 요한이 그분께 보인 사랑만큼 크지 않았기 때문이다.

그리스도를 위해 견고히 서는 비결

예수님은 하나님이시고 사람의 아들이시다. 그분은 죄인에게 필요한 모든 것이시다. 동시에 그분은 지극히 고상한 성도의 최고의 기대를 채우고도 남는 분이시다. 우리는 그분을 결코 능가할 수 없다. 우리는 하나님의 가르침을 다 이해할 수 없고, 하나님이 주시는 영적 능력과 승리를 모두 사용할 수 없다.

예수님이 얼마나 강하신지 그리고 우리가 얼마나 약한지를 깨달으면 큰 유익을 얻을 수 있다. 사실 나는 이 깨달음을 이미 오래 전에 얻었다. 이제까지 내가 그분과 나눈 대화는 내가 다른 어떤 사람과 나눈 대화보다 많다. 내가 그분을 설득하려고 노력하고 그분과 의논하면서 보낸 시간이 그 어떤 사람을 상대로 그렇게 했던 시간보다 더 많다.

그렇다면 내가 주님께 무슨 말씀을 드렸을까? 다른 말씀도 많이 드렸지만 특히 이렇게 말씀드렸다.

"주님, 저는 제가 이렇게 해야 한다는 것을 압니다. 하지만 그렇게 하면 다른 사람들과 충돌할 것입니다. 주님, 저는 제가 이렇게 말해야 한다는 것을 압니다. 그렇지만 그렇게 말하면 이런저런 단체들과의 관계가 어렵게 됩니다. 불을 보듯 뻔합니다. 믿음대로 정직하게 제 입장을 밝히면 저는 곤란에 처할 뿐만 아니라 사탄에게 심히 시험을 받을 것입니다."

이렇게 말씀드린 다음 더 많이 기도하고 주님과 더 많이 대화를 나눈 후에 나의 기도는 이렇게 바뀐다.

"전능하신 주님, 저는 두 눈을 크게 뜨고 이것을 받아들입니다. 저는 지금 상황이 어떻게 돌아가는지 잘 압니다. 제가 이렇게 행동하거나 말하면 어떤 결과가 올지도 잘 압니다. 그러나 저는 받아들입니다. 도망하지 않겠습니다. 숨지 않겠습니다. 양탄자 밑으로 기어들어가지 않겠습니다. 제가 세상 편이 아니라 하나님 편에 서 있기 때문에 저는 감히 일어나 싸울 것입니다. 저는 제가 약할 때 곧 강하다는 것을 잘 압니다."

내가 하나님의 뜻을 따른다고 해서 사람들로부터 칭찬 받기를 바라지는 않는다. 나는 아버지의 뜻을 따를 때 내게 쏟아질 비난에 개의치 않는다. 이제 보니 사람들의 칭찬이나 비난에 초연하게 되는 것이 어려운 일도 아니다. 왜냐하면 나는 예루살렘 거리를 걸으셨던 가장 거룩한 분의 종이기 때문이다. 사람들이 그분을 가리켜 귀신 들렸다고 비난했는데 하물며 그분의 종인 내가 그깟 비난쯤은 달게 받아야 할 것이 아닌가!

그렇다면 당신은 누구 편에 서려고 하는가? 하나님 편인가? 세상 편인가?

chapter 02

유다의 사자처럼
원수를 향해 포효하라

> 우리가 진정 하나님을 믿는다면 우리는 사탄을 대적해야 한다. 하나님은 자신의 백성들이 이런 용기를 가지고 살기를 원하신다. 아직도 당신은 수의에 감싸여 있고 두려움에 짓눌려 있는가?

사탄의 차선책

사람들이 믿음을 갖고 그리스도인이 되었을 때, 왜 옛 뱀(사탄)은 손을 탁 털고 그들을 깨끗이 포기하지 않는가?

사탄은 사람들을 멸망시키려고 혈안이 된 사악하고 음험한 원수이다. 하지만 그는 죄 사함 받고 의롭게 되어 주님의 장중(掌中)에 있는 하나님의 자녀들을 멸망시키려고 애쓰는 것이 소용없다는 사실을 잘 알고 있다. 사탄은 차선책으로 그들의 영혼을 결박 상태로 꽁꽁 묶어두는 것을 자기 일로 삼는다. 그는 믿음을 갖고 의롭게 된 그리스도인들이 그들의 죄와 허물의 무덤으로부터 나왔다는 것을 잘 안다. 그래서 그들이 무덤 밖으로 나온 순간부터 그들을 꽁꽁 묶고 입에 재갈을 물려 계속 속박 상태에 두려고 광분한다. 다시 말해서, 그들이 수의(壽衣)라는 감옥에서 빠져나오지 못하게 하려고 미친 듯이 날뛴다.

그리스도인들은 이런 속박에서 빠져나오지 못하는 한 자신들의 정당한 영적 권리를 사용하지 못하는데, 사탄은 이 사실을 잘 안다. 또한 그리스도인들은 일종의 이런 노예 상태에서 벗어나지 못하는 한 과거에 영혼이 죽어 있을 때보다 영적으로 별로 나아지지 않는데, 사탄은 이 사실도 잘 안다. 이런 사탄이 오늘날 그리스도인들에게 두려움을 심어주기 때문에 그들은 겁먹은 양떼처럼 행동한다. 겁먹은 그들은 심지어 "아멘!"이라는 말조차 입 밖에 내지 못한다.

물론 그리스도인들 중에는 어린아이처럼 무조건 모든 것이 좋고 즐겁다는 사람들이 소수 있기는 하다. 하지만 나는 지금 그런 사람들에 대해 이야기하는 것이 아니다. 그런 사람들은 말 그대로 시장에서 뛰어노는 아이들과 같다. 그들은 단 한 번도 영적 전쟁터에서 치열하게 싸워본 적이 없다.

주님과 함께 영적 진보를 이루기 위해 분투하면서 영적 완전함과 승리에 대한 성경의 교훈에 흥미를 느끼는 개인이나 교회를 내게 보여달라. 그러면 나는 사탄이 어떤 부분에서 그들에게 즉시 강력하게 저항하는지 보여주겠다.

두려움을 불어넣다

사탄은 하나님의 백성들에게 겁을 주고 그들을 침묵에 빠뜨리고 압제하는 일을 아주 오랫동안 해왔다. 이스라엘 군대도 엘라 골짜기에서 이런 두려움을 경험했는데, 그때 그들의 맞은편 산에는 골리앗과 블레셋 군대가 진을 치고 있었다. 사울 왕이 이스라엘을 이끌고 있었지만 그는 두려움에 벌벌 떨었다. 왜냐하면 거인 골리앗이 날마다 "내가 오늘날 이스라엘의 군대를 모욕하였으니"(삼상 17:10)라고 말하며 이스라엘 백성들을 조롱하였기 때문이다. 이스라엘 군대는 두려움에서 헤어 나오지 못했다.

그러나 다윗이라는 이름의 소년이 나타났는데, 그는 여호와 하나님과 올바른 관계를 맺고 있는 사람이었다. 성경의 기록에 의하면, 여호와의 영(靈)이 그에게 임하셨고 그는 이스라엘 사람들에게 이렇게 외쳤다.

"그를 인하여 사람이 낙담하지 말 것이라 주의 종이 가서 저 블레셋 사람과 싸우리이다"(삼상 17:32).

다윗은 날마다 이스라엘을 모욕하는 거인 골리앗에게 완전히 기가 죽어 두려움에 사로잡혀 있던 이스라엘 군사들에게 격려의 메시지를 던진 최초의 사람이다. 그는 모든 능력의 근원이신 분을 알았기 때문에 확신과 평안으로 충만했다. 이런 믿음으로 그는 물매와 돌 하나로 골리앗을 죽였고, 하나님과 이스라엘 군대가 모두 승리했다. 이렇게 그는 믿음으로써 역사상 가장 극적인 반전(反轉)을 이루어냈던 것이다.

오늘날 그리스도인들이 두려움에 사로잡혀 세상 앞에 침묵을 지키는 것은 하나님의 영광을 가리는 것이라고 나는 확신한다. 영광의 주님이신 예수 그리스도는 죄 있는 육신의 모양으로 이 땅에 오셨다. 그분은 동정녀에게서 나신 사람으로서 우리의 본성을 취하셨다(물론, 그러면서도 그분은 하나님이셨다).

예수님은 십자가를 지고 친히 희생제물이 되셨다. 그분의 죽음은 이스라엘 역사에서 제단 위에 드려진 최종적인 희생제사였고, 전능하신 성부 하나님께서는 그것을 모든 희생의 성취이자, 완성으로 받아들이셨다. 그분은 장사한 지 사흘 만에 죽은 자들로부터 부활하여 무덤에서 나오셨다. 그로부터 얼마 후 그분은 사망과 지옥의 권세를 이긴 승리자로서 하늘에 오르셨고, 천사들의 환호와 갈채 속에 하나님 우편에 앉으셨다.

예수님은 살아 계신 분으로서, 우리의 대표자와 중보자와 대제사장으로서 하나님 우편에 앉아 계신다. 그러므로 이것을 믿는 우리는 마땅히 가장 용감하고 가장 관대하고 가장 행복하고 하나님의 평안이 넘치는 사람들이 되어야 한다!

그러나 사탄은 끊임없이 우리에게 도전하고 우리를 대적하는 큰 용(龍)이다. 그는 그리스도인들에게 묻는다.

"내가 너희를 대적한다. 너희가 어쩌겠느냐?"

사탄의 첫 번째 전략 : 죄의식의 새장 속에 가둬라

우리는 마땅히 해방되어야 한다. 어떤 문제와 태도와 의심은 우리에게 두려움을 주고, 우리를 불행하고 패배한 그리스도인들로 만들고, 하나님의 자녀의 진정한 자유를 누리지 못하게 한다. 그러나 우리는 이런 것에 감히 맞서 싸워야 한다. 그러나 안타깝게도 우리는 여러 가지 문제로 인하여 두려워 떤다.

첫째, 당신은 아직도 과거에 당신이 지었던 죄 때문에 두려운가? 하나님께서는 죄가 끔찍한 것임을 알고 계신다. 사탄 역시 그것을 안다. 그래서 사탄은 우리를 따라다니며(우리가 허용한다면) 우리가 과거에 지었던 죄를 들춰내며 우리를 조롱한다.

내 경우를 이야기할 것 같으면, 나는 사탄이 내가 과거에 지었던 죄를 가지고 조롱하면 즉시 이렇게 반격한다.

"그렇다, 사탄아! 죄는 끔찍한 것이다. 네 말이 무슨 말인지 나는 잘 안다. 하지만 네게 분명히 말해줄 것이 있다. 나는 모든 선한 것들, 즉 죄 사함과 깨끗케 함과 영적인 복을 예수 그리스도께 거저 받았다!"

모든 악한 것들과 나를 대적하는 모든 것들이 사탄으로부터 내게로 온다. 그는 내가 죄 사함을 얻었다는 사실을 잘 알면서도 지극히 뻔뻔스럽게 내 죄를 문제 삼는다. 그가 이렇게 하는 것은 그가 바로 사탄이기 때문이다. 사탄은 하나님의 자녀들을 새장 안에 가두고 그들의 날개를 잘라서 날지 못하게 하려고 혈안이 되어 있다.

교회에서 종종 우리는 "일어나라! 내 영혼아, 일어나라! 죄의식과 두려움을 떨쳐버려라!"라고 노래하지만, 아무 일도 일어나지 않고 우리는 여전히 두려움을 간직한 채 살아간다. 왜 우리는 죄가 사라졌다고 주장하면서도 다른 한편으로는 그것들이 사라지지 않은 것처럼 사는가?

형제들이여! 우리는 온 우주의 최고 법정에서 무죄 선고를 받은 사람들이다. 그러나 하나님을 열심히 찾는 정직한 그리스도인들 중에는 아직도 과거의 굴레에서 벗어나지 못해 진정한 자유를 누리지 못하는 사람들이 있는데, 이것이 현실이다. 그들이 영적으로 조금 더 앞으로 나아가려고 할 때마다 그들의 수의(壽衣)가 그들의 발목을 잡는다. 다시 말해서, 사탄이 그들이 과거에 지은 죄를 이용하여 그들에게 두려움을 불어넣는다.

성경이 가르치는 은혜의 교리에 의하면, 하나님께서는 우리를 용서하실 때 우리가 죄를 전혀 짓지 않은 것처럼 생각하시며 우리를 신뢰하신다. 우리가 믿음으로 하나님의 자녀가 되었을 때 그분은 우리에 대한 어떠한 심중유보(心中留保, 진술이나 선서에서 중대한 관련 사항을 숨긴다는 법률 용어)도 남겨놓지 않으셨다. 우리의 죄를 용서하실 때 그분은 "이 사람은 과거에 죄를 지은 적이 있으니 앞으로도 내가 쭉 지켜보겠다"라고 말씀하지 않으신다. 우리의 죄를 용서하실 때 그분은 마치 우리가 방금 창조되어 과거가 전혀 없는 사람처럼 생각하신다. 이런 성경적 진리의 기초 위에서 우리는 확신과 평안을 누려야 한다. 하나님께서는 우리가 이런 확신과 평안 속에서 기뻐하면서 살기를 원하신다.

사탄의 두 번째 전략 : 실패에 대한 기억을 증폭시켜라

둘째, 당신은 사탄이 당신의 영적 실패에 대한 기억을 증폭시키도록 내버려두는가? 당신이 단호한 입장을 취하여 믿음으로 그의 주장을 반박하지 않으면 그는 그것을 계속 생각나게 할 것이다.

사탄은 당신에게 "너는 더 깊은 영적 생활을 위해 별로 노력하지 않는다. 그렇지 않느냐?"라고 속삭인다. 또한 그는 "너는 성령충만을 받겠다고 그토록 큰소리쳤지만 벌렁 나자빠져 손가락 하나 까딱하지 않는다. 그렇지 않느냐?"라고 비난한다. 그는 아마도 당신이 여러 번 신앙생활에서 실패한 것을 문제

삼으며 조롱할 것이다. 그는 당신이 과거를 후회하고 원통해하면서 낙심 가운데 살기를 원한다.

기억하라! 성경은 사람이 넘어지면 다시 일어날 수 없다고 가르치지 않는다. 가장 중요한 것은 당신이 넘어졌다는 사실이 아니라 당신이 용서받고 하나님의 도우심으로 다시 일어설 수 있다는 것이다.

아마 당신은 지극히 경건한 플레처(John William Fletcher, 1729~1785. 런던에서 존 웨슬리를 도와 함께 사역했던 영국의 목회자)에 대한 이야기를 들어보았을 것이다. 그는 아주 거룩한 삶을 살았기 때문에 사람들은 그를 가리켜 '천사 같은 플레처'라고 불렀다. 그러나 그는 자기가 일곱 번 넘어져서 하나님을 크게 실망시켜드렸다고 고백했다. 그러나 일곱 번 실패한 후, 그는 자기 방으로 가서 문제를 온전히 하나님의 손에 맡겨 드릴 때까지 나오지 않았다. 그리고 방을 나오면서 그는 이렇게 기도했다.

"사랑하는 주님, 저는 죄의 속박에서 건짐 받았다는 사실을 믿습니다. 주님이 저를 지켜주시고 도와주신다면 저는 주님이 우리를 위해 놀라운 일을 이루실 수 있다는 것을 끊임없이 세상에 알릴 것입니다."

남은 생애 동안 플레처는 하나님께서 이 땅에 있는 그분의 변화된 자녀들을 지켜주시고 그들에게 복을 주실 수 있다는 사실을 온 세상에 증거했다.

만일 한 번 넘어졌을 때 다시 일어나는 것이 불가능하다면 우리는 차라리 첫걸음조차 내딛지 않는 편이 나을 것이다. 그러나 하나님은 우리가 어떤 존재인지를 온전히 아시기에 우리를 여전히 사랑하시고 최고로 좋은 것을 주겠다고 작정하신다.

성경에 따르면, 하나님께서는 사람들이 그들 자신을 아는 것보다 그들을 더 잘 아신다고 한다. 그분은 그들을 비난하는 자(사탄)가 그분께 정보를 제공해드릴 때까지 기다리실 필요가 없다. 하나님은 이렇게 말씀하셨다.

"네가 궤휼하고 궤휼하여 모태에서부터 패역한 자라 칭함을 입은 줄을 내가 알았음이라 내 이름을 위하여 내가 노하기를 더디 할 것이며 내 영예를 위하여 내가 참고 너를 멸절하지 아니하리라 보라 내가 너를 연단하였으나 은처럼 하지 아니하고 너를 고난의 풀무에서 택하였노라 내가 나를 위하며 내가 나를 위하여 이를 이룰 것이라"(사 48:8-11).

하나님은 우리 각 사람에게 큰 관심을 갖고 계신다. 우리가 넘어질 때 그분이 우리를 일으켜주시는 것은 그분 자신을 위해서이다. 하나님께서 우리를 위해 우리에게 복을 주시는 것이 아니다. 그분은 예수 그리스도를 위해 그리고 자신의 이름을 위해 우리에게 복을 주신다!

당신은 어떤 사람이 선하기 때문에 하나님께서 그에게 복을 주신다고 생각하는가? 그렇게 생각한다면 당신은 아직도 죄가 무엇인지 모르는 것이다. 당신은 하나님께서 자신과 자신의 이름을 위해 당신에게 베풀지 못할 것이 있다고 생각하는가? 그렇게 생각한다면 당신은 아직도 그분을 모르는 것이다.

당신이 실수했다 할지라도 당신은 그것에 대해 사람들에게 책임을 지는 것이 아님을 기억하라. 당신은 하늘에 계신 하나님과 그분의 우편에 앉아 계신 예수 그리스도께 책임을 지어야 한다. 그러므로 이 복된 소식을 가슴에 새기며 용기를 얻자!

사탄의 세 번째 전략 : 주변 사람들의 평판에 신경 써라

셋째, 어떤 사람들은 건전하고 신중하고 전통적인 그리스도인이라는 평판을 잃어버리지 않을까 두려워한다. 다시 말해서, 그들은 예수 그리스도를 위해 바보가 되기를 원하지 않는다.

그리스도인들이 자신들의 삶의 현장에서 담대히 일어나 주님을 증거하지 않는 것은 정말로 안타까운 일이다. 오늘날 전 세계를 휩쓸고 있는 큰 이념들이 있는데, 그것들의 추종자들은 당나귀처럼 귀를 세우고 눈을 부릅뜨고 자신들의 당(黨)과 사상을 위해 헌신한다. 또한 이단의 추종자들도 자신들의 황당하고 가련한 교리를 위해 투옥되는 것과 박해와 조롱을 감수한다. 그러나 현대의 그리스도인들은 호감을 주는 점잖은 사람들이라고 불리는 것을 좋아한다. 그래서 그들은 근엄한 기독교 신자라는 평판을 듣는다. 하나님께서 경건의 능력을 상실한 그들의 근엄함을 깨뜨리시지 않는 한 그들은 영적 진보와 기쁨을 맛보지 못할 것이다.

미국의 위대한 복음전도자 찰스 피니(Charles Finney, 1792~1875. 19세기 초 미국의 부흥 운동을 이끈 중심인물)는 하나님의 사람이 되어 그분의 대언자로서 눈부신 성과를 거두었다. 하지만 많은 사람들은 그를 비난하면서 그의 열정적인 사역을 가로막으려고 애썼다.

역사적으로 볼 때, 하나님을 기쁘게 해드리며 그분을 찬양한 성도들은 찰스 피니와 같은 입장에 처했다. 그들이 살아 계신 그리스도를 증거하고 그분을 위해 헌신할 때, 전통적인 의미에서 경건하고 근엄하고 독선적이고 신중한 사람들은 그들을 결코 좋아하지 않았다. 이런 현상은 지금도 일어난다. 물론 그 결과는 매우 복된 것이다.

한 사경회(査經會)를 책임지고 있는 어떤 젊은 사역자는 최근 몇 달 동안 주님이 그에게 허락하신 철저한 변화에 대해 내게 이렇게 간증했다.

"과거에 하나님의 일을 한다고 했지만, 사실 저는 인간적인 자신감과 우월감으로 충만한, 아주 불쾌한 존재였습니다. 모금 운동을 비롯한 큰 사업을 벌이면서 저는 제가 주님의 일을 매우 성공적으로 한다고 생각했습니다. 그런데 최근 웨일즈로 여행하는 중에 나이 많은 분들과 대화를 나눌 수 있는 기회가 생겼습니다. 그들은 이반 로버츠(Evan Roberts, 1878~1951. 웨일즈의 부흥 운동의 지도자)와 웨일즈 대부흥을 기억하고 있었습니다. 그들은 신앙이 새로워지고 부흥이 일어나려면 성령께서 일하셔야 한다고 말했습니다. 하지만 저는 그들의 말을 이해하지 못했습니다. 그런데 그들의 말을 들으면서 왠지 제가 무수한 벽돌들 아래 깔려 있다는 느낌이 들었습니다(물론, 그들은 이 사실을 알지 못했습니다). 하나님께서는 그 분들을 통해 제게 영적으로 부족한 것이 많다고 말씀하셨던 것입니다."

그런 다음, 그는 작은 오두막을 찾아가서 그곳에 머물며 무릎을 꿇고 하나님 앞에서 혼신의 힘을 다 쏟아 부었다.

당신은 이것이 무엇인지 알겠는가? 이것은 바로 그가 자신을 죽인 것이었다. 이것은 자아(自我)를 끝장낸 것이었다. 이 사람은 자신의 명성과 능력, 주제 파악을 못하는 교만, 세상적인 성공과 우월감, 자신의 인간적인 매력 등에 대해 죽었던 것이다!

그는 내게 말했다.

"토저 목사님! 저는 성령으로 충만해졌고 제 모든 삶이 바뀌었습니다. 이제 저는 큰 착각에 빠진 이 시대의 사람들이 하나님의 영광을 다시 보게 되기를 원할 뿐입니다."

그때 나는 그에게 말했다.

"형제여! 형제가 지금 내게 한 말을 다른 사람들에게 하고 하나님께 받은 영적인 복을 그들에게 증거한다면 형제의 절친한 동역자들이 형제를 떠날 것입니다. 그들은 형제를 가리켜 정신이 이상해졌다고 비난할 것입니다."

그러자 그는 말했다.

"사람들이 저에 대해 뭐라고 하던 간에 이제는 상관없습니다. 저는 제가 옳다고 믿는 대로 밀고 나갈 것입니다. 왜냐하면 저는 주님이 저를 통해 주님의 뜻을 온전히 이루시기를 원하기 때문입니다."

그는 그 이후로 자신의 교리적 입장을 바꿀 필요가 전혀 없었다. 그는 자신의 교리 위에 하나님의 불이 임해야 한다는 것을 깨달았고, 그 불을 받았을 뿐이다.

광신에 대한 두려움

많은 그리스도인들은 주변 사람들에게 나쁜 평판을 듣게 될

까봐 두려워하는 심리를 가지고 있는데, 이것은 '광신자'라는 소리를 듣게 될까봐 두려워하는 마음과 밀접하게 관련되어 있다. 그들은 믿음에 충실할 때 주변으로부터 광신자니 극단주의자니 하는 소리를 들을까봐 두려워한다. 사탄은 세상의 모든 영역에서 극단주의자들을 만들어내는데, 예를 들면 연예, 정치, 사교(社交), 교육, 무질서, 권모술수 등에서 소위 천재들(?)을 만들어낸다. 그런데 이런 사탄이 유독 신앙의 영역에서는 천재가 나오지 못하도록 신앙인들에게 두려움을 불어넣는다. 참으로 지독한 아이러니이다!

최근 어떤 강당 옆을 지나가고 있을 때였다. 마침 그 강당에서는 어느 유명한 가수의 콘서트가 열리고 있었다. 경찰들은 군중을 통제하느라고 진땀을 흘리고 있었고, 어떤 소녀들은 콘서트의 음란한 열기에 도취되어 자신들의 옷을 찢기 시작했다. 많은 아이들이 눈물을 흘리거나 소리를 질렀다. 기절하여 들것에 실려 나가는 아이들도 있었다. 그런데 그들을 그렇게 만든 사탄이 그리스도인들을 다룰 때에는 전혀 다른 전술을 사용한다. 만일 어떤 그리스도인이 마음에 감동을 받아 "아멘!"이라고 외치면 사탄은 즉시 그에게 찾아가 속삭인다.

"쉿! 광신자가 되면 안 된다. 신앙생활은 점잖게 조용히 하는 거야."

정말 사탄답지 않은가! 사탄은 우선 우리에게 겁을 준 다음에 잔뜩 겁먹은 우리에게 "교회에서는 조용히, 조용히, 조용히 하는 것이다! 알겠느냐?"라고 훈계한다.

어떤 그리스도인들은 '왕따가 되면 어떡하나?' 하는 걱정에 짓눌린다. 사탄은 이런 사람들에게 "신앙생활은 적당히 하는 것이다. 열심히 믿어봐야 외로워질 뿐이지. 왕따가 되어 살려느냐?"라고 겁을 준다.

언젠가 나는 어떤 설교자를 만났는데, 그는 그리스도를 자신의 삶에 영접하면서 겪었던 일에 대해 이야기해주었다. 여러 해 전, 그가 참석한 예배가 끝나갈 무렵에 그는 다른 회중과 마찬가지로 자리에서 일어나 있었다. 그때 예배 인도자가 "하나님의 뜻에 따르기를 원하는 사람은 앞으로 나오십시오"라고 말했다. 그의 마음에서 갈등이 생겼다. 그는 하나님의 영(靈)이 주께 순종하여 진정한 그리스도인이 되도록 결단을 내리라고 압력을 넣으신다는 것을 알았다. 그러나 이런 상황에서 어떤 전술을 써야 할지를 잘 아는 사탄이 그에게 속삭였다.

"찰리, 넌 지금 신중하게 생각해야 한다. 까딱 잘못하다가는 너의 결혼생활과 가정이 모조리 파괴될 거야. 네 아내가 신앙적인 면에서 매우 근엄하고 엄격하고 보수적인 편이라는 것을 너도 잘 알 것이다. 찰리, 가정을 망치게 될 선택을 하지 마라."

그러나 성령님은 그에게 계속 감동을 주셨고 찰리는 그분의 인도에 따랐다. 그는 앞으로 나가 무릎을 꿇고 자기의 마음을 살피며 기도했다. 그런데 누군가 옆에서 우는 소리가 들렸다. 그는 그 울음소리가 자기 아내의 소리라는 것을 확신했다. 고개를 돌리자 아내의 모습이 보였다. 그제야 그는 자기가 강대상으로 걸어 나올 때 자기보다 조금 늦게 아내가 따라온 것 같다는 생각이 들었다. 부부가 함께 그리스도께 자신을 바치고 그분을 섬기기로 결단했던 것이다!

오랜 세월 동안 사탄은 찰리에게 '네 아내가 기쁨으로 그리스도께 헌신하는 일은 결코 일어나지 않을 것이다'라고 거짓말을 해온 것이다. 그는 거짓의 아비이다. 그는 진실을 말하지 않는다. 그가 진실을 말할 때라면, 그것은 당신을 당혹감에 빠뜨리고 당신에게 매질을 가할 때뿐이다. 당신을 망치고 파멸로 몰아넣으려고 할 때를 제외하고는 결코 진실을 말하지 않는다.

거룩한 열정에 대한 두려움

하나님의 백성들 가운데 거룩한 열정을 두려워하는 마음이 있다. 우리는 자신의 행복감을 표현하는 데에는 매우 적극적이지만, 유독 거룩한 체험에 대한 이야기를 하는 데에는 절제를 잘한다.

야구장에 갔다가 집에 돌아올 때에 쉰 목소리로 말하는 사람들을 종종 볼 수 있다. 그들은 야구장에서 펄펄 뛰며 목이 쉴 정도로 소리를 지른다. 그러나 교회에서 하나님의 영광의 나타나심을 체험하여 소리를 지르다가 목이 쉬어서 집으로 돌아가는 사람이 우리 시대에는 보이지 않는다.

예배 시간에 찬양을 할 때 우리는 우리의 마음이 냉랭하다는 것을 느낄 수 있는데, 이것은 우리 속에서 열정이 사라졌다는 것을 증거한다. 우리는 아직도 수의(壽衣)에 감싸여 있고, 우리의 심령은 메말랐다. 오늘날 많은 교회에서 이것을 느낄 수 있다. 찬양 시간에 많은 사람들이 감사와 부활의 기쁨과 그리스도의 이름을 통한 승리 같은 내적 생명 없이 그저 힘없이 찬송을 따라 부른다.

당신은 내 말이 무슨 말인지 잘 알 것이다. 왜 이런 일이 일어나는가? 대개의 경우, 이것은 우리가 예수 그리스도를 바라보지 않고 우리 자신에게 집중하기 때문이다. 종종 우리는 우리의 힘으로 싸우고 노력하기 때문에 실패하여 패배자로 전락하고 만다. 그러니 우리의 힘에서 찬송이 나오겠는가?

앨버트 벤저민 심슨(A. B. Simpson, 토저가 속했던 교단인 기독교선교연합의 설립자) 박사는 이런 글을 썼다.

힘없는 주님의 군사여!

힘을 주시는 그분의 인자한 음성에 귀를 기울여라.

"내가 네 모든 원수들을 이겼노라.

네가 당할 모든 고통을 내가 당했노라.

몸부림치는 군사여! 나를 의지하라.

내가 너를 위해 승리했노라."

예수 그리스도께서 우리를 위해 승리하셨다는 사실이 우리의 찬양과 열정의 비결이다. 우리의 능력으로는 어느 누구도, 어떤 것도 이길 수 없다.

네 원수들이 강해도 두려워 말라.

네 싸움이 길어져도 두려워 말라.

너의 영광스런 대장의 능력을 믿어라.

주님과 함께 잠시만 깨어 있어라.

들어라! 주님의 음성을!

"나를 따르라. 내가 너를 위해 승리했노라!"

형제들이여, 그리스도의 승리는 인간의 수고와 땀과 눈물로 얻어낼 수 있는 것이 아니다. 주님의 승리는 주님의 땀과 눈물과 피를 통해 주어졌다. 주님의 고통스러운 죽음과 승리의 부활과 승천이 우리에게 승리를 주었다. 그러므로 우리는 주 예수님을 온전히 신뢰해야 한다. 이것만이 우리가 두려움을 극복하고 복된 승리의 삶을 살 수 있는 유일한 길이다.

승리자 예수 그리고 우리

이제까지 나는 사역하면서 나의 짐과 부담을 지는 것이 감당할 수 없을 정도로 무겁다고 느낀 적이 몇 번 있다. 우리는 육체적으로 너무 지쳐서 더욱 힘들어지기도 한다. 사실 육체적으로 지칠 때 우리는 낙심과 의심에 굴복하고 싶은 유혹을 한층 더 느끼게 된다. 이런 경우에는 기도를 해도 문제에서 벗어나는 것이 불가능해 보인다. 그러나 내게는 여러 번 하늘로부터 직접 주어진 것 같은 믿음이 찾아왔고, 이 믿음을 통해 나는 몸과 혼에 필요한 모든 것을 주께 구하여 얻을 수 있었다. 또한 무릎을 꿇고 이렇게 기도할 수 있는 자유와 힘을 얻게 되었다.

"주여, 저는 이제 할 만큼 했습니다. 저를 짓누르는 이 무거운 짐을 더 이상 감당할 수 없습니다. 이것은 하나님에게서 온 것이 아니라 나의 원수 사탄에게서 온 것입니다. 주여, 저는 예수님의 이름으로 이것을 더 이상 용납하지 않겠습니다. 왜냐하면 예수님을 통해 저는 승리자이기 때문입니다."

이렇게 기도하면 나의 모든 짐이 즉시 눈 녹듯 사라졌다.

형제들이여! 우리가 동네북처럼 두들겨 맞는 것이 하나님의 뜻이 결코 아니다. 물론 우리가 징계를 받아야 한다면 겸손히 감수하는 것이 그분의 뜻이다. 그러나 사탄이 그의 뜻에 따라 우리를 괴롭힐 때에는 과감히 그에게 대항해야 한다.

우리가 진정 하나님을 믿는다면 우리는 사탄을 대적해야 한다. 내가 강조하고 싶은 것이 이것이다. 하나님은 자신의 백성들이 이런 용기를 가지고 살기를 원하신다. 아직도 당신은 수의(壽衣)에 감싸여 있고 두려움에 짓눌려 있는가? 그렇다면 이제는 일어나 부활의 주님을 믿는 믿음으로 이렇게 외쳐라!

"나는 이것을 더 이상 용납할 수 없다. 나는 하나님의 자녀이다. 내가 왜 온종일 슬퍼해야 하는가?"

당신이 이렇게 외치면 당신의 짐이 벗겨지면서 하나님은 이렇게 대답하실 것이다.

"그렇다, 내 자녀야! 네가 그렇게 말하기를 나는 오랫동안 기다렸다. 예수 그리스도가 승리했고 너 또한 그 안에서 승리했다."

chapter 03

소문으로만 알던 하나님을
직접 대면하라

> 현대의 그리스도인들은 봉사한다고 하면서 일에 쫓기고 이곳저곳으로 돌아다니기에 바쁘다. 그래서 그들은 하나님의 임재를 의식하지 못하고, 오직 들리는 소문으로만 그분을 알 뿐이다.

하나님의 창조 목적

어떤 그리스도인들은 경건생활에 대해 끊임없이 대화하는 것을 즐긴다. 마치 경건생활의 비결을 찾아내는 것이 무슨 신종(新種) 놀이나 게임이라도 되는 것처럼 말이다. 사실 나는 사람들이 '경건생활'이라는 표현을 함부로 사용하는 것을 별로 좋아하지 않는다. 왜냐하면 많은 사람들이 이것을 이야깃거리로 삼아 이러쿵저러쿵하지만, 하나님을 진짜 하나님으로 알고 사랑하는 사람은 극히 드물기 때문이다.

분명히 알라. 바로 하나님이 경건생활의 기초이시다. 예수 그리스도 그분께서 경건의 실재이시다. 삼위일체 하나님을 더 깊이 알면 알수록 우리는 그분과 교제를 나누는 복된 상태에 점점 빠져든다. 이러는 중에 나의 영성(靈性)은 점점 깊어지고, 나는 그분의 뜻을 아는 지식 가운데서 점점 더 강해질 것이다.

본래 하나님께서 인간을 그분의 형상대로 지으신 것은 인간이 자신과 교제를 나누도록 하기 위함이었다. 이 교제는 인간 이외의 어떤 피조물도 경험할 수 없는 독특하고 깊은 것이었다. 그러나 인간은 죄 때문에 하나님을 아는 지식을 상실했다. 즉, 날마다 그분과 교제하는 특권을 상실했다. 로마서 1장에서 바울은 "저희가 마음에 하나님 두기를 싫어하매 하나님께서 저희를 그 상실한 마음대로 내버려두사"(롬 1:28)라고 말하는데, 여기서 우리는 바울이 인간의 본질을 어떻게 그리고 있는지 확실히 알 수 있다. 그에 따르면, 인간은 마음이 어리석기 때문에 어둠에 휩싸여 하나님을 보지도 못하고 알지도 못한다.

이것이 성경이 그리는 인간의 초상화이다. 다른 피조물과 달리 인간은 하나님을 알 수 있는 가능성을 타고난 존재이지만 결국 타락하고 말았다. 하나님을 알 수 없는 상태에 빠진 인간은 본래의 고귀한 신분에 어울리지 않는 저열한 행동을 일삼고, 끝없는 공허감에 휩싸여 절망하고 있다.

이런 절망감과 공허감과 상실감은 인간이 당면한 엄청난 문제를 반영한다. 왜냐하면 인간은 지성적이고 도덕적인 존재이지만, 본디 자신에게 허락된 권리와 환경을 잃어버렸기 때문이다. 본래의 창조 목적에 충실할 수 없는 죄인에게 이제 남은 것은 끝없는 패배와 고통뿐이다.

시궁창을 선택한 인간

하나님께서 모든 생물들을 지으실 때 그들 각자에게 그들 나름대로의 독특한 삶의 방식을 허락하셨다. 그분은 그들이 제각기 자신들의 고유한 환경에 적응하며 살도록 하셨다. 그러므로 각각의 생물들이 저마다의 고유한 환경에 머물면서 본래의 창조 목적에 합당한 삶을 사는 것은 자신들을 향한 하나님의 창조 목적을 실현하는 것이다. 하나님의 창조 목적을 이루어드리는 것이 모든 피조물들의 지고선(至高善)이다.

성경에 따르면, 오직 인간만이 하나님의 형상대로 창조되었다. 하나님이 스랍들(seraphim)이나 그룹들(cherubim), 천사들이나 천사장(天使長)을 자신의 형상대로 지으셨다는 말은 성경에 나오지 않는다.

인간이 다른 어떤 피조물보다 하나님을 더 닮았다는 말을 오해하고 잘못 판단하는 사람들도 있을 것이다. 그러나 하나님께서 인간을 자신의 형상대로 지으셨기 때문에 이 우주에는 인간의 영혼만큼 하나님을 닮은 존재란 없다. 인간이 죄로 인하여 타락했다 할지라도 그는 은혜를 통해 하나님을 닮을 수 있는데, 이런 가능성은 온 우주에서 인간만이 가지고 있다.

인간이 죄를 지었다는 것은 부인할 수 없는 사실이다. 따라서 그가 타락한 존재라는 것도 부인할 수 없는 사실이다. 회심(回心)하지 않은 사람은 타락한 상태에 머물러 있는 것이다. 즉, 혼돈과 공허의 대양(大洋)에서 헤어 나오지 못하고 있는 것이다.

인간은 하나님을 알도록 창조되었지만 시궁창을 선택했다. 그래서 인간은 새장에 갇힌 새나 물 밖으로 나온 물고기 같은 신세가 되고 말았다. 이렇게 된 인간은 증오, 살인, 탐욕, 형제간의 다툼, 전쟁 등 온갖 수치스러운 짓을 서슴지 않는다.

과거에 어떤 머리 좋은 사람들은 과학, 철학, 정신의학, 사회학의 발전을 통해 이 세상이 더 살기 좋은 곳으로 변할 것이라고 말했다. 그러나 그 후 시간이 흐르면서 그들의 예언이 틀렸음이 드러났다. 사람들은 서로 맹렬히 싸우고 있고, 증오, 의심, 무질서, 반역, 간첩 행위, 살인 등 역사상 유례없는 온갖 범죄 행위가 난무하고 있다.

좋은 소식

이렇게 타락과 상실의 바다에서 헤어나지 못하는 인간에게도 좋은 소식이 있는가? 잃어버린 하나님의 형상을 다시 찾고 그분을 알려는 갈망을 품고 사는 인간에게 아직도 희망이 남아 있는가?

그렇다! 우리는 이에 대한 긍정적인 대답을 성경에서 발견할 수 있다. 성경은 죄를 범한 인간이 하나님을 아는 것이 아직도 가능하다고 가르친다. 하나님께서, 죄를 범하여 자기들의 처음 권리를 잃어버린 천사들은 버리셨지만 인류는 버리시지 않았다고 성경은 교훈한다.

성경을 제대로 연구해보라. 그러면 하나님께서 범죄한 천사들을 타락한 채로 놔두시는 것은 그들이 그분의 형상대로 창조된 존재들이 아니기 때문이라는 결론에 도달할 것이다. 그들은 도덕적 및 영적 인식 능력을 갖춘 피조물이지만, 하나님의 형상으로 지음 받지는 않았다.

왜 하나님께서는 구속자(救贖者)의 공로를 통해 구원받을 수 있는 기회를 죄를 범한 인간에게 허락하셨을까? 오직 그것은 인간이 하나님의 형상으로 지음 받았기 때문이다. 하나님께서는 독생자의 희생을 통해 인간에게 자신의 영원한 사랑을 보이셨다.

성경은 죄에 빠진 인간이 하나님의 존전에 나와 그분과 교제할 수 있는 방법에 대해 가르친다. 성경에 따르면, 인간은 예수 그리스도 안에서 주어지는 죄 사함과 은혜와 중생과 칭의(稱義)

를 통해 하나님께 나아가 그분과 교제할 수 있다. 이 모든 것은 신성(神性)의 모든 충만이 예수 그리스도 안에 거한다는 하나의 교훈으로 요약될 수 있다. 눈에 보이지 않으시는 하나님의 형상, 그분의 빛나는 영광, 그분의 위격(位格)의 분명한 형상, 이런 모든 것을 우리는 그리스도 안에서, 그리스도를 통해 발견할 수 있다.

우리가 기쁨 중에 받아들이고 믿는 진리는 이것이다. 예수 그리스도는 만세(萬世) 전에 아버지에게서 나신 분이다. 예수 그리스도는 성부 하나님에게서 나오신 성자 하나님이요, 빛에서 오신 참빛이요, 참 하나님에게서 오신 참 하나님이다. 예수 그리스도는 지음 받지 않고 나셨으며 아버지와 본질이 동일하시다. 예수 그리스도를 통해 만물이 창조되었다.

만물의 근원

당신에게 권하노니, 그리스도를 폄하하는 데 많은 시간을 투자하는 사람들의 말을 듣지 말라. 당신에게 권하노니, 예수 그리스도가 누군지 잘 모르는 사람들이 사용하는 모호한 현대적 전문용어에 현혹되지 말라.

그리스도는 하나님이셨고 하나님이시며 앞으로도 영원히 하나님이시다. 우리가 그리스도를 발견하고 그리스도를 안다는 것은 만물의 근원으로 돌아간다는 것을 뜻한다. 그리스도 안에서 신성(神聖)의 충만이 거한다.

'믿음'과 '기도'라는 신속하고 단호하고 의지적인 행동을 통해 우리의 영혼이 우리의 존재의 근원으로 돌아가서 다시 시작할 수 있다는 것은 정말로 기적이요, 기사(奇事)이다! 이것은 천사들을 지나, 아담이 존재했던 곳을 넘어, 태초로 거슬러 올라가 만물의 근원으로 돌아가는 것이다. 즉, 우리가 삼위일체 하나님이라고 부르는 영광스러운 근원으로 돌아가는 것이다.

바로 예수 그리스도 안에서 우리는 존재의 근원과 참된 만족을 찾을 수 있다. 노예선 선장이었다가 회개한 뒤 목사가 된 존 뉴턴(John Newton, 1725~1807. 찬송가 '나 같은 죄인 살리신'의 작시자)은 이것을 거듭남의 기적을 통해 발견했다. 그는 이렇게 노래했다!

"오랜 세월 방황한 내 영혼아, 이제 안식하라! 지극히 복된 반석 위에서 안식하라!"

예수 그리스도께서 하나님의 자녀들에게 하나님을 나타내고 하나님의 복을 약속하셨음에도 불구하고 우리가 하나님에 대해 조금밖에 알지 못하는 것은 무슨 이유인가? 몇 가지 이유가 있겠지만, 그 중 하나는 우리가 잘못 생각하여 하나님의 무한하신 능력과 성품을 알지 못하고 쉽게 낙심하기 때문이다.

소문으로만 알다

형제들이여, 인간은 하나님의 모든 것을 다 알 수 없다. 이것을 기억하는 것이 우리에게 유익하다. 만일 우리가 하나님의 모든 것을 알 수 있다면 우리는 하나님과 동등한 존재가 될 것이다. 예를 들어보자. 용량이 1리터가 안 되는 용기(用器)에 1리터의 물을 담을 수 없는 것은 자명한 이치이다. 이와 마찬가지로, 하나님보다 작은 존재의 경험 속에 그분의 모든 것을 담을 수 없는 것 역시 자명한 이치이다.

이와 유사한 논리가 오래전에 교부(敎父)들에 의해 사용되었는데, 그들은 삼위일체를 논증할 때 이 논리를 사용했다. 그들은 영원한 성부(聖父)가 무한한 하나님이시며 사랑이시라는 것을 지적했다. 그들의 이야기를 들어보자.

사랑의 본질은 자신을 주는 것인데, 성부는 자신과 동등한 존재가 아니라면 그 어떤 존재에게도 자신의 사랑을 완전히 주실 수 없었다. 그리하여 성부는 자신과 동등한 분이신 성자(聖子)에게 자신의 사랑을 부어주셨고, 성자는 성부와 동등하기 때문에 그분의 사랑을 받아들일 수 있었다. 그리고 성부께서 자신의 사랑을 성자에게 부어주실 때 전달 매체가 필요했는데, 이때 등장한 분이 바로 성부와 성자와 동격이신 성령(聖靈)이다. 사랑으로 충만하신 성부께서 자신과 동등한 성령을 통해 자신과 동등한 성자께 자기 자신을 부어주신 것이다. 이것이 삼위일체에 대한 교부들의 설명이다.

인간은 하나님의 모든 신비를 알 수 없다. 이것은 확실한 진리이다. 그런데 이것만큼 확실한 진리가 또 있다. 그것은 인간이 이 세상에서 하나님에 대해 알 수 있는 모든 것은 오직 예수 그리스도 안에서 계시된다는 사실이다.

사도 바울은 하나님을 더 알기를 원한다고 고백했는데, 이것은 그가 학습과 암기를 통해 지적(知的)으로 그분을 알고 싶다고 한 말이 아니다. 바울은 체험적으로 하나님을 알고 싶어 했다. 이것은 영(靈)이 영에게 영향을 주고 마음과 마음이 통하는 가운데 인격적인 관계 속에서 의식적(意識的)으로 아는 것을 뜻한다.

오늘날 많은 그리스도인들이 기독교 용어를 사용하여 이야기하지만, 그들은 단지 소문으로만 하나님을 알 뿐이다. 그들 중 대부분은 하나님에 대한 이런저런 책을 읽기도 하고, 하나님의 빛이 분산될 때 그 빛을 받기도 한다. 어쩌면 그들은 하나님의 음성을 메아리처럼 희미하게 들었을지도 모른다. 그러나 그들이 인격적인 관계 속에서 갖고 있는 하나님을 아는 지식은 매우 적다.

종교적 버팀목

많은 그리스도인들은 교회 출석, 봉사 활동, 서로 간의 교제, 찬양 집회 등에 의지하여 자신들의 신앙적 체면을 유지해나가고 있다. 그들이 이렇게 하는 것은 이런 다양한 활동을 통해 서로를 의지할 수 있기 때문이다. 그들은 이런저런 기독교 모임들 속에서 서로를 지지해주는 버팀목이 되어 주는 데 많은 시간을 투자한다.

예수께서 이 세상에 계실 때 그분은 많은 일을 하셨다. 예수님은 병자들을 고치시고, 말씀을 전파하고 가르치시며, 사람들의 질문에 답해주시고, 그들을 축복하셨다. 또한 주님은 자신을 사랑하고 따르는 형제들과 깊은 교제를 나누셨다. 그러나 이런 것들은 그분이 성부 하나님을 인격적인 관계 속에서 알고 교제를 나누는 것에 비하면 단지 부수적인 것에 불과했다. 예수님께서 산으로 가서 밤새도록 기도하며 하나님을 앙망했을 때 그분은 혼자 계신 것이 아니었다. 왜냐하면 성부께서 그분과 함께 계셨기 때문이다.

현대의 그리스도인들은 봉사한다고 하면서 일에 쫓기고 이곳저곳으로 돌아다니기에 바쁘다. 그래서 그들은 하나님의 임재를 의식하지 못하고, 오직 들리는 소문으로만 그분을 알 뿐이다.

왜 이런 문제가 발생하는 것일까? 그것은 오늘날 믿음 있다고 하는 그리스도인들이 하나님께 무언가 얻기만을 바라기 때문이다. 책을 써서 팔기를 원하는 사람들은 '하나님께 많은 것을 얻을 수 있는 17가지 방법'이라는 제목을 붙여서 팔면 재미를 톡톡히 볼 것이다. 또는 '마음의 평안을 얻는 14가지 방법'이라는 제목을 붙여서 팔면 책이 날개 돋친 듯이 팔릴 것이다. 오늘날 많은 사람들이 하나님으로부터 무언가를 얻기 위해 그분을 알려고 하는 것 같다.

그들은 하나님께서 자기 자신을 주기를 원하신다는 사실을 알지 못한다. 하나님은 여러 선물과 함께 자기 자신을 우리에게 주기를 원하신다! 그러나 하나님을 인격적인 관계 속에서 알지 못하는 상태에서 그분의 선물만을 받는다면 그 선물은 불완전한 것이다.

아주 저급한 행동

바울의 편지에는 성령의 은사에 관한 내용이 언급되어 있다. 그런데 내가 기도하여 성령님께 이 17가지 은사를 모두 받았다고 가정해보자. 이때 만약 하나님께서 자기 자신을 나에게 주시지 않는다면 나는 오히려 그것들로 인해 극도로 위험한 상태에 빠질 수 있다.

앞에서 이미 창조에 대해 언급하면서 하나님께서 자신의 피조물 각각에게 합당한 환경을 허락하셨다고 설명했다. 하나님이 인간을 자신의 형상대로 창조하시고 인간을 어린양의 보혈로 구속(救贖)하셨기 때문에 그리스도인의 진정한 환경은 바로 하나님의 마음이다. 만일 하늘에 슬픔이 있다면 그것은 우리가 하나님을 우리의 환경으로 삼으려 하지 않고 단지 그분의 선물만을 원하기 때문이다.

만일 하나님이 자기 자신을 주시지 않고 당신에게 장미를 주신다면 그것은 당신에게 가시를 주신 것과 다를 바 없다. 만일 하나님이 자기 자신을 주시지 않고 당신에게 정원을 주신다면 그것은 당신에게 뱀이 숨어 있는 정원을 주신 것과 다를 바 없다. 만일 하나님이 자신과 인격적인 관계 속에 있지 않은 사람에게 포도주를 주신다면 그는 그 포도주로 인해 파멸될지도 모른다.

우리에게는 하나님의 선물을 얻기 위해 그분을 찾는 경향이 있는데, 우리는 이런 것을 거부해야 한다. 주권적이신 하나님은 자기 자신으로서 사랑을 받고 자기 자신으로서 영광 받기를 원하신다. 그런데 이것은 그분이 원하시는 것의 절반에 불과하다. 나머지 절반은, 우리가 하나님을 소유할 때 하나님 이외의 다른 모든 것들도 소유하게 된다는 사실을 깨닫는 것이다. 이에 대해 예수님도 분명히 밝히셨다.

"너희는 먼저 그의 나라와 그의 의를 구하라 그리하면 이 모든 것을 너희에게 더하시리라"(마 6:33).

많은 그리스도인들이 잘못된 교리의 주입(注入)과 세뇌 교육으로 인하여 하나님을 주인으로 모시지 않고 오히려 그분을 자기들의 종으로 만들려는 경향에 쉽게 빠진다. '하나님께 기도하여 필요한 돈을 받아 내는 법'이라는 제목의 소책자를 써서 배포하는 사람들이 생기는 것은 무슨 이유 때문인가?

믿음으로 살면서 사역을 감당한 사람이라면 누구나 주님이 필요한 것을 공급해주셨다는 간증을 사람들 앞에서 할 수 있을 것이다. 나와 내 아내도 사역 초기에 하나님을 온전히 의지하지 않았다면 생필품의 결핍으로 인하여 굶어 죽었을 것이다. 우리는 하나님께서 자기 자녀들에게 필요한 돈을 주신다는 사실을 믿는다. 그러나 돈을 주신 분께 영광을 돌리지 않고 돈 그 자체에만 열광하는 것은 아주 저급한 행동이다!

많은 사람들이 하나님을 이용하느라고 바쁘다. 일자리를 얻기 위해 그분을 이용한다. 안전을 보장받기 위해 그분을 이용한다. 마음의 평안을 유지하기 위해 그분을 이용한다. 사업에 성공하기 위해 그분을 이용한다. 결국에는 천국에 가기 위해 그분을 이용한다.

그분 자체를 사랑합니다!

형제들이여! 우리는 배워야 한다. 그것도 당장 배워야 한다. 하나님 없이 세상의 모든 부(富)와 권력을 갖고 사는 것보다 그분을 모시고 극한 가난 속에서 사는 것이 훨씬 더 좋다는 것을!

존 웨슬리(John Wesley, 1703~1791. 영국의 신학자 및 전도자로서 감리교의 창시자)는 하나님이 사랑이시기 때문에 우리가 오직 그분만을 구해야 한다고 믿었다. 그는 당대의 사람들에게 "만일 어떤 사람이 설교하러 와서 사랑보다 다른 것을 먼저 구하라고 가르친다면 그의 말을 듣지 마십시오. 결코 듣지 마십시오"라고 가르쳤다. 내가 볼 때, 우리 시대의 사람들에게 필요한 교훈은 "다른 것보다 하나님을 더 구하십시오. 하나님이 주시는 어떤 것 때문이 아니라 바로 그분 자체를 구하십시오"이다. 이 교훈을 마음 깊이 새기는 사람은 하나님을 인격적인 관계 속에서 알고 그분의 임재를 체험할 때 그분의 모든 선물도 주어진다는 사실을 즉시 깨닫게 될 것이다.

내가 역동적이고 인격적인 관계 속에서 하나님을 알아가는 것을 방해하는 사람이 있다면 그는 나의 원수이다. 그가 내 친구라 해도 실상 나의 원수이다. 만일 어떤 은사(恩賜)가 나와 하나님 사이를 갈라놓는다면 그것이 나의 원수이다. 나의 야망이 내 원수가 될 수 있고, 과거의 성공이 내 원수가 될 수 있다. 심지어는 과거의 실패나 패배가 아직도 나를 짓누르고 있다면 그것들이 내 원수이다. 이런 것들 중 어느 것 하나라도 나와 주님 사이를 방해하면 그것이 내 원수이다. 그것은 내가 그분을 더욱 깊이 아는 것을 방해하기 때문이다.

당신은 하나님을 우리의 종으로 만드는 싸구려 복음을 퍼뜨리는 데 일조(一助)하였는가? 당신은 그분이 선물 보따리를 한 아름 가지고 와서 산타클로스처럼 나누어줄 것이라는 기대감에 사로잡혀 결국 당신의 영혼을 쇠약하게 만드는 잘못을 범하였는가?

일부 사람들은 하나님께서 록펠러(John D. Rockefeller, 1839~1937. 미국의 자본가이자 자선사업가)처럼 길거리에 서서 아이들에게 동전을 던져주는 분이라고 믿는 것 같다. 손을 내밀고 아우성쳐서 빛나는 동전을 얻은 다음, '빛나는 동전을 얻었는데 거기에 하나님의 형상이 새겨져 있었다!'라는 제목의 팸플릿을 만드는 사람들이 있다는 것이 사실인가?

형제들이여! 이런 저급한 것을 하나님을 깊이 알아 차원 높은 행복을 얻는 것과 감히 비교하지 말자. 제발 하나님을 알라! 멈추지 말고 계속 그분을 알아가라! 그러면 만일 누군가 당신에게 와서 성경을 인용하면서 당신의 체험이 완전히 잘못되었다고 비난한다 할지라도 당신은 당당히 이렇게 대답할 수 있을 것이다.

"당신은 성경을 설명하는 데 능한 사람이지만, 나는 내 주님을 알게 되었습니다. 나는 그분이 주시는 무엇 때문이 아니라 바로 그분 자체를 사랑합니다."

이것이 주님이 우리에게 원하시는 전부이다. 이것에 힘입어 우리는 우리를 향한 그분의 창조 목적을 성취할 수 있다.

chapter 04
난쟁이 그리스도인의 수준에 머물지 말라

> 영적으로 완전해져야 한다고 믿는 사람이 있는가? 그리스도를 닮기를 정말로 원하는 사람이 있는가? 날마다 그분을 더 닮기를 원하는 사람이 있는가? 영적 난쟁이 수준에서 벗어나 그리스도의 장성한 분량의 사람이 되는 것을 열망하라.

영적 갈망에 찬물을 끼얹는 사람들

지금 우리는 "우리가 영적으로 완전해야 한다고 주장하는 사람이 있습니까?"라는 질문을 집요하게 제기하는 것이 서로의 입장을 난처하게 만드는 시대에 살고 있다. 심지어 복음주의자들의 진영에서조차 영적 완전함의 문제를 제기하면 많은 사람들이 신경을 곤두세우고 불편해 한다. 그러나 신약성경에서 주 예수 그리스도와 사도들은 우리에게 더욱 영적 갈망에 불타라고 가르친다. 그런데 똑같이 신약성경을 읽는 어떤 그리스도인들은 다른 사람들의 영적 갈망에 찬물을 끼얹기를 원하는데, 이런 모습을 볼 때 나는 놀라움을 금치 못한다.

이런 사람들은 기독교를 어떻게 이해하고 있는 것일까? 그들에게 기독교는 부분적으로는 종교이고, 부분적으로는 놀이와 사회적 교제에 불과한 것일까? 그들은 우리의 영적 삶이 장차 주어질 더 큰 생명을 준비하기 위한 전쟁이라는 기독교의 교훈을 받아들이지 않는 것인가?

분명히 명심하라! 우리가 그리스도의 십자가의 본질적인 의미를 받아들인다면, 우리가 십자가를 지고 가서 그 위에서 죽고 부활하여 살아야 한다는 것을 정말 깨닫는다면, 우리는 영적 승리를 얻겠다는 열망에 불타서 앞으로 계속 나아갈 것이다.

그러나 강렬한 영적 갈망에 대해 불안을 느끼는 어떤 사람들은 다른 사람의 영적 완전함을 향한 열망에 제동을 걸어야 한다고 느낀다. 그리하여 그들은 종종 그 사람에게 "광신에 빠져서는 안 됩니다"라고 찬물을 끼얹는다.

이것이 광신인가?

한 가지만 묻자. 하나님을 온전히 사랑하고 그분을 온전히 찬양할 수 있을 때까지 영적으로 전진하기를 원하는 것이 광신인가? 마음속에서 거룩한 기쁨이 끝없이 솟아나는 것이 광신인가? "아멘, 아멘!"이라는 말을 입에 달고 사는 것이 광신인가? 날마다 하나님의 뜻에 따라 살아 이 세상에서 이미 천국을 누리며 사는 것이 광신인가?

만일 이런 것들이 광신이라면, 구약의 족장들, 율법과 시편의 기자(記者)들, 선지자들, 신약의 기자들의 신앙도 모두 광신일 것이다. 만일 이런 것들이 광신이라면, 종교개혁을 탄생시킨 열정도 광신일 것이다. 만일 이런 것들이 광신이라면, 하나님의 진리를 굳게 붙든 그분의 모든 친구들의 신앙도 광신일 것이다.

교회의 역사에는 순수하고 소박한 성도들, 즉 세상의 방법을 받아들이지 않는 사람들이 늘 있었다. 별로 알려지지도 않고 제대로 평가 받지도 못했지만 이런 사람들이 도처에 있었다. 교회사(敎會史)를 연구해보면, 그들이 지극히 암울한 시대에 세상 사람들을 호되게 꾸짖었다는 사실을 알 수 있다. 그들은 날마다 영적으로 온전한 삶을 살려고 노력했거나 영적 완전함을 향해 적어도 한 걸음이라도 내딛는 삶을 살려고 노력했다. 그리하여 종교개혁의 시대가 도래했을 때 씨앗을 뿌릴 수 있는 비옥한 토양이 준비되어 있었다. 종교개혁가 루터가 강력한 추진력을 가진 사람인 것은 사실이지만, 여러 곳을 돌아다니며 사람들에게 영적 완전함을 갈망하고 성취하라고 설교한 요한 타울러(John Tawler, 14세기 도미니크파의 수도사) 같은 사람들이 없었다면 루터도 그토록 큰 업적을 이루지는 못했을 것이다.

성경을 깊이 연구해보라. 그러면 성경의 기자들과 선지자들이 하나님의 뜻을 따르겠다는 열망으로 충만했다는 사실을 알게 될 것이다. 기독교의 유산(遺産)으로 내려오는 위대한 경건서적들을 읽어보라. 그러면 이제까지 살았던 위대한 신앙인들이 영적 완전함을 갈망했다는 사실을 알게 될 것이다.

바로 이런 사람들이 믿음과 사랑과 경건으로 충만하여 놀라운 책들을 썼고, 아주 고상한 찬송가들을 지었다. 그들이 지은 찬송가들을 부르면서도 우리는 그들의 영성(靈性)을 느끼지 못하니 참으로 부끄러운 일이다! 믿음의 조상들은 위대하지만 우리는 부끄러운 후손이다.

수준 미달

현대의 그리스도인들이 범하고 있는 잘못은 무엇인가? 그것은 그들이 기독교 복음의 진리에 관심 있는 체하는 것이다.

당신은 설교자가 여러 가지 방법으로 설교의 수준을 영적으로 무지하고 둔감한 자들의 수준으로 끌어내리고 있다는 사실을 아는가? 현재 설교자들은 청중을 몇 명 더 끌어 모으기 위해 농담을 던지고 예화를 들고 웃겨주느라고 바쁘다. 청중을 더 끌어 모으려는 것은 명성을 얻고 헌금을 더 거두어 교회 예산에 충당하기 위함이다.

나는 오늘날 교회에서 벌어지는 일들에 대해 솔직히 말하고 싶다. 많은 설교자들은 하나님을 갈망하는 사람들의 수준에 맞추어 복음을 적용하지 않고, 아주 육신적인 사람들의 수준에 맞추어 복음을 적용한다. 다시 말해서, 하나님나라의 한 귀퉁이를 이빨로 물고 매달려 있는 저급한 난쟁이 성도들의 수준에 맞춘다는 말이다.

많은 교회들이 기독교에 물을 타버렸기 때문에 그것이 독이라 할지라도 아무도 죽일 수 없고, 그것이 약이라 할지라도 아무도 고칠 수 없다.

이제 나는 현대의 교회들을 진단하면서 "현재 대부분의 그리스도인들은 그리스도인의 수준에 미달하는 삶을 살고 있다"라는 결론을 내릴 수밖에 없다. 다시 말하지만, 오늘날 대부분의 그리스도인들은 그리스도인의 수준에 미달하는 삶을 살고 있다.

그리스도인들이 기쁘지 않은 것은 그들이 거룩하지 못하기 때문이고, 그들이 거룩하지 못한 것은 성령충만하지 않기 때문이고, 성령충만하지 않은 것은 구별되지 못하기 때문이다. 성령님은 자신이 구별할 수 없는 사람을 충만케 하실 수 없고, 충만케 할 수 없는 사람을 거룩하게 만드실 수 없고, 거룩하게 만들 수 없는 사람을 기쁘게 하실 수 없다.

그렇다! 내 결론은 확고하다. 현대의 그리스도인들은 그리스도를 영접하고 거듭났음에도 불구하고 기쁨이 없는데, 그것은 그들이 거룩하지 않기 때문이다.

그리스도를 닮지 않은 그리스도인들

오늘날 대부분의 그리스도인들은 그리스도를 닮지 않았다. 이것은 하나님의 자녀들이 갖고 있는 기질(氣質)을 통해 뚜렷이 증명된다.

만약 내게 여러 해 앞을 내다볼 수 있는 선지자적 예지력(豫知力)이 없다면, 선지자들처럼 약속의 성취를 보기 전에 이 세상을 떠나도 좋다는 마음이 없다면, 나는 오랜 세월 내 설교를 듣고도 여전히 기질적 결함을 안고 살아가는 사람들 때문에 무척 낙심했을 것이다. 더욱이 그들은 도덕적 약점들을 갖고 있으며 종종 패배의 쓴잔을 마신다. 그들은 깨닫는 것이 더디며, 성경의 기준에 훨씬 미달하는 삶을 살아 하나님의 뜻에서 벗어나 있다. 그들은 자신들의 허물과 약점과 패배를 지적당하면 불같이 분개하면서 얼굴이 벌겋게 달아올라 변명하기에 급급하다.

하기야 이런 현상을 보고 그렇게 놀랄 필요는 없다. 왜냐하면 성경에도 이런 사람들이 등장하기 때문이다. 구약에서 하나님의 백성 이스라엘에게 경고가 주어졌는데, 이런 경고는 신약에서도 반복된다.

"이스라엘 뭇 자손의 수가 비록 바다의 모래 같을지라도 남은 자만 구원을 얻으리니"(롬 9:27).

복음서를 보면, 우리 주님도 많은 사람들의 사랑이 식을 것이라고 말씀하셨다. 요한계시록에 나오는 일곱 교회들에게 보낸 편지를 보면, 교회로서의 기능은 유지하지만 처음 사랑을 버리거나 미지근하여 영적으로 크게 잘못된 교회들이 등장한다.

신약을 읽어보라. 예수님이 사람들 가운데 거하며 그들을 섬기셨을지라도 그분의 가르침을 완강히 거부하는 이들이 여전히 있었다.

영적 완전함에 이르는 네 단계

신앙을 고백하는 하나님의 자녀들의 신앙적 체험과 성숙을 깊이 살펴보면 적어도 네 단계가 늘 발견된다. 그리고 이 네 단계는 서로 분명히 구분된다. 그런데 내 말을 오해하거나 잘못 해석하는 일이 없도록 하기 위해 미리 분명히 밝혀두건대, 날마다 우리에게서 발견되는 것은 '영적 삶과 기질(氣質)의 네 단계'이지 '은혜의 네 가지 행위'가 아니다.

내가 이렇게 분명히 밝혔음에도 불구하고 "나는 은혜의 두

가지 행위에 대해 말하는 사람을 보았고, 심지어는 은혜의 세 가지 행위에 대해 말하는 사람도 보았다. 그런데 이제 토저 목사는 은혜의 네 가지 행위에 대해 말하는구나"라고 말하는 사람이 생기는 것은 정말 어처구니없는 일이다. 다시 말하지만, 나는 지금 은혜의 네 가지 행위에 대해 말하는 것이 아니다!

나는 위대한 신앙인이었던 한 사람을 소개하려고 한다. 그는 「미지(未知)의 구름」이라는 책을 쓴 사람이다. 600여 년 전에 살았던 이 사람의 이름은 알려져 있지 않다. 그는 엘리자베스 여왕 이전 시대의 영어로 글을 썼으며, 하나님의 자녀들이 영적으로 계속 전진하여 그분과 하나가 되도록 하는 데 그의 집필 목적이 있었다.

그의 책 서두에는 하나님을 향한 갈망과 경건으로 충만한 그의 짧은 기도가 실려 있는데, 종종 나는 이 기도문을 읽고 영적 힘을 새롭게 얻곤 한다. 그는 이렇게 기도한다.

"오, 하나님! 주님의 눈앞에서는 모든 마음들이 열려 있습니다. 모든 입술이 주께 말할 것입니다. 주께 숨길 수 있을 만큼 은밀한 것은 하나도 없습니다. 주께 구하오니, 주님의 놀라운 은혜로써 저의 마음을 깨끗케 하소서. 그리하시면 제가 주님을 온전히 사랑하고 주께 합당한 찬양을 올릴 것입니다!"

이 기도에서 우선 그는 모든 마음들이 하나님의 눈앞에서 열려 있다고 고백한다. 하나님은 모든 사람의 마음을 들여다보신다. 당신이 마음문을 닫아 잠그고 열쇠를 멀리 던져버린다 할지라도 그분은 그 안을 들여다보신다.

"모든 입술이 주께 말할 것입니다"라는 말은 무슨 뜻일까? 이 말에는 사람의 마음속의 강한 소원이 기도를 낳는다는 뜻이 들어 있다. 「미지의 구름」의 저자가 자신의 책에서 강조하는 이 사상은 성경의 교리이기도 하다. 그보다 몇 세기 후에 살았던 몽고메리(Montgomery)는 이 사상을 "말로 표현되든 안 되든 간에 영혼의 간절한 염원이 기도이다"라고 표현했다. 다시 말해서, 당신이 마음속에 원하는 것은 겉으로 드러나게 마련이고, 하나님께서는 언제나 그것을 듣고 계신다. 그분은 당신이 행하려고 하는 것과 당신이 계획한 것을 늘 듣고 계신다.

"주께 숨길 수 있을 만큼 은밀한 것은 하나도 없습니다"라는 말은 살아 계신 하나님께서 모르시는 은밀한 일이란 있을 수 없다는 뜻이다.

이렇게 말한 「미지의 구름」의 저자는 계속하여 "주께 구하오니, 주님의 놀라운 은혜로써 저의 마음을 깨끗게 하소서. 그리 하시면 제가 주님을 온전히 사랑하고 주께 합당한 찬양을 올릴 것입니다!"라고 말씀드린다.

완전한 그리스도인

이 하나님의 성도가 오래전에 그의 소원과 헌신을 담아 드린 이 기도에는 신학적 결점이나 오류가 없다. "오, 하나님! 주님을 온전히 사랑하고 주께 합당한 찬양을 올릴 수 있도록 저의 마음을 고치소서!"라는 이 기도에는 극단적이거나 광신적인 것이 없다. 하나님의 진정한 자녀들은 그분을 온전히 사랑하고 그분께 합당한 찬양을 드리고 싶어 하는 이런 열망에 "아멘!"이라고 화답할 것이다.

이 저자는 "나는 그리스도인들의 삶에는 네 가지 단계(또는 형태)가 있다고 생각한다"라고 말하면서, 이 네 가지에 각각 '평범한', '특별한', '비범한' 그리고 '완전한'이라는 수식어를 붙인다.

그는 600여 년 전의 그리스도인들이 어떻게 살았는지를 숨김없이 보여준다. 나는 이 옛 성도가 정말로 탁월한 복음전도자이었을지도 모른다고 생각한다. 만일 그가 요즘 시대에 태어났다면 우리의 수련회나 부흥회 강사로 크게 환영 받았을 것이다.

600여 년 전에 그는 그리스도인들을 네 단계로 분류했는데, 이것은 지금도 들어맞는다.

첫째, '평범한' 그리스도인들이 있는데 하나님께서 보시기에 이들은 오합지졸이다.

둘째, '특별한' 그리스도인들이 있는데 이들은 '평범한' 그리스도인들보다 영적으로 조금 더 전진한 사람들이다.

셋째, '비범한' 그리스도인들이 있는데 이들은 흔히 볼 수 없는 그리스도인들이다.

지금 우리에게 귀중한 교훈을 전하는 이 옛 성도의 말을 계속 들어보자.

"'평범한', '특별한' 그리고 '비범한'이라는 수식어가 붙은 이 세 부류는 이생에서 시작되어 그대로 끝날 수도 있는 사람들이다. 하지만 네 번째 단계, 즉 '완전한' 그리스도인은 하나님의 은혜에 의해 이곳에서 시작되지만 결국 천상(天上)의 기쁨 가운데 영원히 존속될 것이다."

이제 당신은 이 책의 저자와 내가 성 프랜시스를 흉내 내어 온화한 미소를 띠고 이리저리 돌아다니며 "나는 완전하니까 나를 귀찮게 하지 말라"라고 말하는 듯한 표정을 지을 정도의 완전주의자(完全主義者)가 아니라는 것을 알겠는가? 비록 우리가 영적 완전함의 단계에 들어섰다 할지라도 아직도 점령해야 할 미지의 땅이 많다는 것을 기억하라.

「미지의 구름」의 저자는 우리에게 흥미로운 권고를 한다. 그는 완전함에 이르는 문제에 대해 진지하게 생각하는 사람들만 자신의 책을 읽으라고 권하며 이렇게 말한다.

"성부와 성자와 성령의 이름으로 내가 당신께 명령하고 간청한다. 당신의 뜻을 다 바쳐 전심으로 그리스도의 완전한 추종자가 되려는 생각이 없다면 이 책을 읽지도 말고 베끼지도 말고 이 책에 대해 말하지도 말고 누가 읽어준다 해도 듣지도 말라."

그는 이것을 또 다른 말로 바꾸어 표현한다.

"이것은 정말로 심각하고 중요한 문제이므로, 이것을 가지고 장난치느라고 시간을 허비하지 말라. 이것은 단지 호기심으로 접근하거나 되는 대로 처리할 문제가 아니다. 온 뜻을 다 바쳐 전심으로 그리스도를 따르겠다고 결심하지 않았다면 이것을 깨끗이 잊어라."

호기심만으로는 안 된다

이 옛 성도는 계속해서 말한다.

"그리스도인의 온전성이라는 문제에 대해 가벼운 마음으로 접근하는 사람들이 있는데, 나는 그들을 위해 이 글을 쓰지 않았다. 나는 그들이 심심풀이로 이것을 만지작거리는 것을 원치 않는다. 많이 배운 사람이든 못 배운 사람이든 간에 호기심으로 접근해서는 안 된다."

당신이 오직 호기심 때문에 더 깊은 영적 생활에 대해 알고자

하는 것이라면 당신의 지식이나 교육 수준과 상관없이 당신은 그것을 온전히 깨달을 수 없을 것이다.

오늘날 신비주의에 대한 관심이 다시 크게 일어나고 있는데, 이것을 가리켜 경건생활에 대한 관심이라고 말하는 사람들이 있다. 그러나 내가 볼 때, 이런 관심은 다분히 학문적인 관심이며, 호기심에서 비롯된 것이다. 민요(民謠)를 숙달하는 것에 관심을 갖거나 고대 건축술이나 기타 호기심을 자극하는 것에 관심을 갖는 것처럼 '그리스도인의 더 깊은 경건생활'의 요소에 관심을 갖는 경향이 우리에게 있다. 당신은 지금 당장 아무 곳으로 가더라도 그곳에서 더 깊은 영적 삶에 대한 책들을 쉽게 구입할 수 있다. 왜냐하면 호기심이 많은 그리스도인들을 겨냥하여 그런 책들이 폭포수처럼 쏟아져 나왔기 때문이다.

그러나 우리는 이 옛 성도의 말에 귀를 기울여야 한다.

"단지 호기심 때문에 이것에 접근하는 사람이 있다면 나는 그 사람에게 공연히 이것에 신경 쓰지 말라고 말하고 싶다. 왜냐하면 그런 사람은 이것에서 결국 아무것도 얻지 못할 것이기 때문이다."

나는 이 책의 저자가 내게도 "토저 씨, 삼위일체의 능력 안에서 하나님의 은혜를 의지하여 내가 당신께 간청합니다. 그리스도의 완전한 추종자가 되겠다고 마음먹지 않은 사람들에게는 이것을 설교하지 마십시오"라고 말하는 것 같다는 생각이 들기도 한다.

그러나 이 점에서 나는 이 옛 성도와 견해를 달리한다. 왜냐하면 중요한 것은 그리스도의 보혈이고, 그분의 보혈이 우리에게 진리를 깨달을 수 있는 자격을 부여하기 때문이다.

형제들이여! 영적 능력의 비결을 깨달을 수 없는 자들이 있다고 해서 그것을 깨달을 수 있는 자들에게까지 그것을 숨기는 것은 옳지 않다. 승리하는 삶의 비결을 갈망하지도 않으면서 단지 호기심만 느끼는 자들이 있다고 해서 그것을 갈망하고 깨달을 수 있는 자들에게까지 그것을 숨기는 것은 옳지 않다. 우리는 이 두 부류의 사람들을 분별하는 것을 하나님께 맡겨드려야 한다. 영적 생활과 관련된 문제들을 판단하는 것은 성령님의 몫이지 목회자나 설교자의 몫이 아니다.

시험은 예고 없이 온다

사람들이 자기도 모르는 사이에 시험을 받는 경우가 성경에 종종 나온다. 그들이 시험이 닥치는 시기를 모르는 것은 성령님께서 그들에게 시험이 임박했음을 좀처럼 말씀해주시지 않기 때문이다.

의사에게 진찰을 받거나 시간표에 맞춰 교실에서 시험을 치르는 것 등은 당신이 자신의 필요에 따라 의지를 가지고 하는 행동이다. 이것은 당신의 건강 상태나 특정한 지적(知的) 능력을 검사하기 위한 의식적(意識的) 활동이다. 그러나 성경에서 시험 받는 사람들은 대개 자기들이 시험 받고 있다고 의식하지 못했는데, 우리는 이 점에 대해 진지하게 생각해보아야 한다.

하나님께서 아브라함에게 갈대아 우르를 떠나라고 말씀하신 것은 그를 시험하신 것인데, 아브라함은 자기가 시험 받고 있다는 사실을 알지 못했다. 하나님께서 그에게 그의 아들을 산으로 데려가 제물로 바치라고 말씀하셨을 때 그는 그분이 자기에게 명령하신다고 생각했을 뿐 자기가 시험 받고 있다고는 생각하지 못했다.

베드로도 의식하지 못하는 중에 시험을 받았다. 바울도 시험을 받았다. 진리를 충분히 듣고 흡족한 기회가 주어지며 성령님이 "오늘 이 사람이 시험을 받을 것이다"라고 말씀하시는 때, 누구에게나 시험이 찾아온다.

이스라엘 민족이 가데스 바네아에 이르렀지만 건너서 가나안 땅으로 들어가지 않고 오히려 "우리는 건너지 않겠다"라고 말하였을 때 그들은 시험을 받았다. 그들은 자기들이 시험 받는다는 사실도 모른 채 그냥 되돌아갔다. 그들은 40년 동안 사막의 모래 바람을 맞으며 목적 없이 떠도는 형벌을 자초했음에도 불구하고 그것을 알지 못했다. 주님은 그들에게 "모두, 일어나라! 숨을 깊이 들이쉬어라. 이제부터 너희에게 시험이 있을 것이다"라고 말씀하지 않으셨다. 다만 그분은 그들이 스스로를 시험하도록 하셨을 뿐이다. 안타깝게도 그들은 시험을 통과하지 못했다.

여기 죄와 육신과 악한 영들이 지배하는 이 세상에서 일어나는 두렵고 준엄한 사실이 있다. 그것은 하나님께 시험 받는 사람들 가운데 약 80~90퍼센트가 시험에 통과하지 못한다는 것이다.

시험에 대한 판정을 내리는 분은 주님이시다. 우리 모두는 자신의 하루하루가 시험의 날이라는 것을 깨달아야 한다. 어떤 사람들은 가데스 바네아에 이르렀다가 돌아갈 것이다. 또 어떤 사람들은 강가에 서서 하염없이 건너편을 바라볼 것이다. 이런 사람들은 단지 자신의 호기심만을 충족하려는 자들이다.

영적으로 완전해져야 한다고 믿는 사람이 있는가? 그리스도를 닮기를 정말로 원하는 사람이 있는가? 날마다 그분을 더 닮기를 원하는 사람이 있는가? 영적 난쟁이 수준에서 벗어나 그리스도의 장성한 분량의 사람이 되는 것을 열망하라.

자기를 부인하고 십자가를 지는 것이 참으로 승리하는 길이다

I TALK BACK to the DEVIL   PART 2

분명히 기억하라! 하나님과 그분의 대의를 위해 일하려는 사람들은 고생을 각오해야 한다. 고생하지 않고도 일이 된다면 그것은 십자가가 아니다. 아무 대가를 치르지 않고 손가락 하나 까딱하지 않고 영성을 추구할 수는 없다. 조바심이나 고민이나 희생 없이 하나님과 동행하겠다는 사람은 결코 성공할 수 없다. 이런 사람은 골짜기와 산꼭대기 사이의 중간에서 멈추어 거기에 텐트를 친 사람이다.

chapter 05

언제까지 솜사탕 복음에 만족할 것인가?

> 왜 우리는 얄팍한 즐거움을 추구하고, 난쟁이 성도와 육신을 즐겁게 해주려고 애쓰는 단계에 털썩 주저앉고 마는가? 그것은 우리가 십자가를 지라는 주님의 부르심은 들었지만, 십자가를 지지 않기 때문이다.

전진하는 그리스도인

모든 그리스도인들은 똑같고 그들 사이에 구분을 지을 수 없다는 주장이 있는데, 나는 이런 주장을 오랫동안 반박해왔다. 나는 "모든 그리스도인들은 하나님이 보시기에 똑같은 성도이다. 그들 사이에 차이는 없다"라는 말을 들어왔다.

나는 이렇게 주장하는 사람들의 논리가 어떤 것인지 잘 알지만, 예수님의 말씀과 사도들의 교훈에 비추어볼 때 그들의 논리를 받아들일 수 없다. 내가 볼 때, 우리는 그리스도인으로서 평균적이고 평범한 방법을 통해 수고하며 전진하는 사람들에게 더욱 앞으로 나아가 그들이 이제까지 알지 못한 영적 승리를 쟁취하라고 가르치고 설교하고 촉구해야 한다.

만일 모든 그리스도인들이 똑같은 상태에 있고 아무 구별이 없다면 왜 예수께서 그리스도인의 생활에 대해 가르치면서 "혹 백 배, 혹 육십 배, 혹 삼십 배의 결실을 하였느니라"(마 13:8)라고 말씀하셨겠는가? 왜 그분이 어떤 사람은 많은 성(城)을 다스리고 또 어떤 사람은 적은 성을 다스릴 것이라고 말씀하셨겠는가? 왜 그분이 어떤 사람은 하나님의 나라에서 높은 자리를 차지하고 또 어떤 사람은 낮은 자리를 차지할 것이라고 말씀하셨겠는가?

만일 우리가 모두 똑같이 동일한 상태에 머문다면 왜 사도 바울이 빌립보 성도들에게 다음과 같이 말하였겠는가?

"내가 그를 위하여 모든 것을 잃어버리고 배설물로 여김은 그리스도를 얻고 그 안에서 발견되려 함이니 … 내가 그리스도와 그 부활의 권능과 그 고난에 참예함을 알려 하여 그의 죽으심을 본받아 어찌하든지 죽은 자 가운데서 부활에 이르려 하노니"(빌 3:8-11).

충만한 광명에 이르는 영적 성장

당신은 많이 인용되는 구약의 구절, 즉 잠언 4장 18절의 온전한 의미에 대해 깊이 생각해본 적이 있는가?

"의인의 길은 돋는 햇볕 같아서 점점 빛나서 원만한 광명에 이르거니와"(잠 4:18).

나는 몇몇 번역본에 등장하는 이 구절을 서로 비교해보았다. 굿스피드(Edgar J. Goodspeed, 1871~1962. 미국의 성경학자)는 이것을 "의인의 길은 새벽 여명(黎明)과 같아서 점점 환해지다가 정오의 해같이 될 것이다"라고 번역하였고, 로더햄(Joseph B. Rotherham, 1828~1910. 영국의 성경학자)은 이것을 "의인의 길은 동틀 무렵 비추는 빛과 같아서 점점 밝아져 환한 대낮같이 될 것이다"라고 번역하였다.

이것은 그리스도인들이 하나님과 맺는 관계가 어떤 것인지를 보여주는, 영감(靈感) 넘치는 말씀이다. 이 말씀에서 잠언 기자는 우리가 그리스도인이 되는 것을 태양이 뜨는 것에 비유했다. 여명이 점점 밝아져 정오의 해가 되듯이 일단 그리스도인이 된 사람은 영적으로 계속 성장해야 한다. 그리스도인들은 이 구절을 매우 좋아한다. 이것을 암송하고 인용한다. 그런데 문제는 이렇게 믿지 않는다는 것이다. 정말로 믿는다면 이 말씀의 교훈대로 점점 빛나서 충만한 광명에 이르렀을 것이다.

나는 우리가 믿지 않는 것은 체험할 수 없다고 생각한다. 믿지 않는 것을 체험할 수 없기 때문에 많은 그리스도인들이 날이 가고, 달이 가고, 해가 가도 늘 똑같은 상태에 머물러 있는 것이다. 세월이 흐름에 따라 능력 있는 부흥회 강사들이 왔다 가고 또 왔다 간다. 부흥회가 끝나면 사람들은 앞으로 열심히 신앙생활을 하겠다고 결심하지만, 이런 결심은 오래가지 못한다. 솔직히 말하자면, 대부분의 그리스도인들은 현재의 진흙 구덩이에서 헤어 나오지 못하고 있다.

슬픈 사실은, 앞으로 살날이 얼마 남지 않은 사람들이 교회에 많다는 것이다. 그들은 노인이 되었지만, 그들의 회심(回心) 때에 태양이 처음 떠오른 이후 앞으로 1센티미터도 전진하지 못했다. 심지어는 하나님과 동행하는 일에 있어서 몇 년 전보다 퇴보한 사람들도 있다. 과거에는 믿음과 사랑이 뜨겁고 감격의 눈물을 흘리며 열심히 기도하고 거룩하고 원칙에 충실한 삶을 살았지만, 이제는 오히려 이런 것들이 약화된 사람들이 있다. 이것은 정말로 슬픈 일이다.

나는 이런 사람들을 볼 때 그들을 '평범한' 그리스도인들이라고 결론을 내린다. 그들은 하나님의 음성에 마땅히 귀를 기울여야 함에도 불구하고 그렇게 하지 않는다.

여전히 평범한 그리스도인인가?

우리가 하나님의 말씀을 읽고 연구하고 그것에 순종한다면 그분이 우리에게 말씀하실 것이다. 하나님께서 우리에게 말씀하신다면 우리도 기도와 경건생활을 통해 그분께 응답해야 한다. 이때 그분께 무슨 말씀을 드리는가 하는 것이 중요한데, 우리는 이것을 시편에서 확인할 수 있다. 하나님의 말씀을 듣고 그분께 응답할 수 있는 사람은 성령의 감동과 인도하심을 받는 사람이다.

마찬가지로, 같은 이유에서 경건 서적도 우리에게 매우 유용하다. 경건 서적은 하나님의 말씀을 듣고 그분께 응답한 성도들이 기록한 책이다. 지혜의 원천이신 하나님께서는 그들의 책을 통해 그리스도인의 모범을 우리에게 보여주신다.

우리는 600여 년 전에 익명의 성도가 쓴 「무지의 구름」에서 몇 가지 중요한 교훈을 배울 수 있다. 그에 따르면, 우리 가운데 대부분의 사람들이 '평범한' 그리스도인이지만 어떤 사람들은 '특별한', '비범한' 그리고 '완전한' 그리스도인의 삶과 체험에 도달하기 위해 전진한다는 것이다. 그는 이렇게 말한다.

"'평범한', '특별한' 그리고 '비범한'이라는 수식어가 붙은 그리스도인들은 이생에서 시작하여 그대로 끝날 수도 있는 사람들이다. 당신이 완전한 상태에 들어갈 수는 있지만 온전히 그렇게 될 수 없는 까닭은, 네 번째의 '완전한' 단계가 하나님의 은혜로 이 땅에서 시작하여 결국 천상의 기쁨 가운데 영원히 존속될 것이기 때문이다."

이런 그의 태도는 "내가 이미 얻었다 함도 아니요 온전히 이루었다 함도 아니라 … 누구든지 우리 온전히 이룬 자들은 이렇게 생각할지니"(빌 3:12,15)라고 고백한 사도 바울의 태도와 딱 맞아떨어진다. 우리가 완전한 상태에 들어가더라도 우리에게는 아직도 가야 할 길이 남아 있는데, 이것은 기독교의 거룩한 역설이다.

사도 바울은 '점점 밝아져 충만한 광명에 이르는' 빛 속에서 계속 전진했다. 그는 "모두가 죽은 자들로부터 부활할 것이지만 나는 더 좋은 부활에 대한 하나님의 약속을 믿기 때문에 앞으로 더 나아간다"라는 취지로 말했다. 그는 "내가 이미 얻었다 함도 아니요 온전히 이루었다 함도 아니라 … 오직 한 일 즉 뒤에 있는 것은 잊어버리고 앞에 있는 것을 잡으려고 … 좇아가노라"(빌 3:12-14)라고 말했다.

바울의 헌신과 거룩한 소원에 견주어 보면, 보통의 그리스도인들의 평범한 삶과 체험은 정말로 부끄러운 것이다. 어찌하여 그들은 자신을 향한 하나님의 계획과 뜻 안에서 전진하지 못하는가?

어중간한 그리스도인

우선 '평범한'이라는 말의 정의(定義)를 살펴보자. '평범한 신분', '평범한 수준' 또는 '평범한 능력'이라는 말에서도 알 수 있듯이 이것은 "보통의", "그저 그런"이라는 뜻이다.

평범한 그리스도인들은 보통의 능력을 가진 사람들로서 그저 그런 수준에 머문다. 그들에게서 어떤 탁월한 것은 찾아보기 힘들다. 그들은 이미 그리스도인의 삶을 시작했다. 그리고 하나님을 믿는다. 어쩌면 그들은 성경을 가지고 다닐 것이다. 그러나 그들은 영적인 차원에서 어느 일정한 수준에 이르지 못한다.

나는 당신이 이런 부류에 속하는지 아닌지를 스스로 판단해 보기를 원한다. 현재 당신은 그리스도인으로 살면서도 어떤 탁월한 면을 보여주지 못하고 그저 평범한 상태에 머물러 있는가? 만일 그렇다면 당신을 찾아와 도움이나 안내를 구하는 사람이 전혀 없을 것이다. 하나님의 일에 대해 언급하면서 당신의 이름을 들먹이는 사람이 전혀 없을 것이다. 안타깝게도 대부분의 그리스도인들은 지극히 평범하다!

사실 나는 '평범하다'라는 단어를 싫어한다. 내가 좋아서 이 단어를 사용한다고 오해하지 말라. 많은 그리스도인들의 상태를 설명하기에 적절하기 때문에 어쩔 수 없이 사용하는 것이다.

'평범한'(mediocre)이라는 말은 두 개의 라틴어를 합하여 만든 단어인데, 이것의 문자적 의미는 "산꼭대기를 향해 가다가 절반쯤"이라는 뜻이다. 이것이야말로 많은 그리스도인들의 상태를 정확히 표현해주는 말이다. 그들은 산 중턱에 머물러 있는 사람들이다. 그들이 천국을 향해 가는 길에서 절반쯤에 이르러 있다는 말이 아니라, 그들이 마땅히 있어야 할 곳을 향해 가다가 절반쯤 되는 지점에서 그냥 머물러 있다는 말이다. 비유적으로 말해서, 그들은 골짜기와 산꼭대기 사이의 중간에 앉아 있다. 그들은 완고한 죄인들보다는 도덕적으로 높은 수준에 있지만, 빛나는 성도들보다는 영적으로 낮은 수준에 있다.

많은 그리스도인들이 이런 상태에 머물러 있다. 그들은 몇 년 전에 "나는 하나님을 실망시켜드리지 않을 것입니다. 나는 계속 전진하여 산꼭대기에 이를 것입니다. 이 유한한 인생에서 그분을 최대한 체험하는 단계에까지 올라갈 것입니다"라고 말했지만, 그 이후에 아무것도 한 일이 없다. 있다면 영적 영역을 오히려 축소시킨 일뿐이다. 그 결과, 이제는 '절반쯤 가 있는' 그리스도인이 되고 말았다. 덥지도 않고 차지도 않은 미지근한 그리스도인이 되고 말았다는 이야기다. 만일 그동안 멈추지 않고 계속 전진했다면 그들은 지금 마땅히 산 정상에 있을 것이다.

당신은 이런 어중간한 그리스도인의 삶이 그리스도께서 우리에게 주기를 원하시는 최고의 세팅이며 우리가 도달할 수 있는 최상의 상태라고 여기는가? 주께서 우리에게 주기를 원하시는 것을 생각할 때, 우리는 그토록 낮은 수준에 머물러서는 안 된다. 주님의 보혈, 주님의 성령, 그리스도의 십자가 죽음과 부활, 주께서 승천하여 성부(聖父)의 우편에 앉으시고 성령을 보내신 것 등 이런 것들을 통해 그분이 우리에게 주기를 원하시는 모든 것을 생각해보라.

제발 낮은 수준에 머물지 말라

하나님께서는 자신의 자녀들에게 풍성한 것으로 가득 채워주기를 원하시지만, 그들은 그것보다 훨씬 미달하는 수준에 만족하며 살아간다. 그들은 자신들의 육신을 즐겁게 해주는 것을 외부(外部)로부터 끌어들여 즐거움을 얻으려고 애쓴다. 그들은 회심한 조직 폭력배나 절반쯤 회심한 영화배우를 설교단에 세운다. 그들은 예배 후에 "아, 예배가 아주 재미있다!"라고 말할 수만 있다면 말(馬)들이 간증하고 개들이 복음성가를 부르도록 만드는 저급한 짓이라도 할 것이다. 또한 사람들을 교회로 잔뜩 불러 모을 수만 있다면 그들은 '90일간의 속성 코스를 거쳐 신자가 된 유명 인사'를 설교단에 세우기 위해 거액의 강사료를 기꺼이 내놓을 것이다.

이런 저급한 짓을 하는 사람들이 바로 '평범한 그리스도인들'이다. 그들은 산꼭대기에 올라 따스한 태양을 느끼는 것도 아니고, 골짜기에서 추위에 바들바들 떠는 것도 아니다. 이렇게 성장이 멈춘 사람들, 즉 계속 어중간한 상태에 머무는 사람들은 하나님께 영광을 돌리지 못한다.

우리는 그리스도 안에 있는 온전한 성숙에 이르러서야 그분을 기쁘게 해드리고 그분께 영광을 돌릴 수 있다. 우리 모두는 이것이 성경의 교훈임을 잘 안다. 신약성경을 읽어보라. 그러면 평범한 신앙생활은 예수님이 우리에게 주기를 원하시는 최고의 것이 아님을 알게 될 것이다. 그렇다면 왜 우리는 이런 평범한 상태에 머무는가? 왜 우리는 그토록 얄팍한 즐거움을 추구하고, 난쟁이 성도와 육신을 즐겁게 해주려고 애쓰는 단계에 털썩 주저앉고 마는가? 그것은 우리가 십자가를 지라는 주님의 부르심은 들었지만, 산꼭대기를 향해 전진하지 않고 오히려 장사꾼처럼 주님을 우리의 뜻대로 설득하려고 하기 때문이다. 하나님께서 부르실 때, 우리는 이기적인 동기에서 문제를 제기하고 우리의 조건을 제시한다.

우리는 하나님께서 손짓하시는 것을 본다. 성령의 감동을 느끼고, 때로는 열정으로 불타 '산꼭대기로 전진해볼까?' 하는 생각도 한다. 그리스도를 위해 헌신하고 싶다는 충동도 느끼고, 이 세상에서 영적 완전함에 최대한 근접한 삶을 살고 싶다는 생각도 한다. 그러나 우리는 하나님의 인도하심을 따르지 않고, 오히려 우리의 이기적인 동기에서 이의(異議)를 제기한다. 영적 성숙을 위한 하나님의 조건들에 대해 이의를 제기하며 그분을 우리의 뜻대로 설득하려고 애쓴다.

이것은 부인할 수 없는 사실이다. 신앙이 없는 자유주의자들이 이렇게 한 것이 아니라, 거듭난 사람들이 이렇게 한 것이다. 우리에게는 그리스도의 생명이 있다. 그러나 주님이 우리에게 산꼭대기로 올라가라고 말씀하실 때 우리는 핑계를 찾고 그분을 우리의 뜻대로 설득하려고 시도한다. 그분이 손짓하실 때 우리는 "주님, 주님의 말씀대로 할 때 제게 어떤 손해가 돌아옵니까? 저는 전진하기를 원하지만, 어떤 희생을 치러야 될지 궁금합니다"라고 한다.

신앙생활을 하면서 자신의 결단이 어떤 결과를 가져올는지 질문하는 사람들은 평범한 그리스도인들이다. 마치 그들은 십자가를 져야 한다는 사실을 까맣게 잊어버린 것처럼 보인다. 예수님은 "날마다 제 십자가를 지고 나를 좇을 것이니라"(눅 9:23), "사람이 나를 섬기려면 나를 따르라 나 있는 곳에 나를 섬기는 자도 거기 있으리니 사람이 나를 섬기면 내 아버지께서 저를 귀히 여기시리라"(요 12:26)라고 분명히 말씀하셨다.

십자가를 지고 주님을 따르는 헌신적인 그리스도인은 자신의 행동이 어떤 결과를 낳을지에 대해 묻지 않는다. 그는 하나님의 계획과 지혜에 대해 이의를 제기하지 않는다. 내가 아는 어떤 사람들은 경건생활에 관심은 있지만 시간과 돈과 체력과 심지어 친구 관계를 희생해야 될지도 모른다는 두려움 때문에 더 깊은 영적 생활로 들어서는 것을 망설였다. 어리석게도 우리는 이런 것들에 대한 미련을 버리지 못하기 때문에 망설인다.

물론 친구 관계의 가치와 의미를 깎아내리려는 의도는 아니다. 인간들 사이의 우정은 내세(來世)까지도 연장될 수 있는 아름다운 것이다. 그러나 주께서 우리에게 영적 승리와 복을 주기 위해 접근하실 때 우리가 친구와의 우정을 들먹이며 그분께 이의를 제기한다면 우리는 성도라 칭함 받을 자격이 없다.

위험한 장소로 가라

주께서 우리에게 전진하라고 말씀하실 때 우리는 "그렇게 하면 물질적으로 어려워지지 않습니까?"라고 묻는다. 이렇게 묻는 까닭은 우리가 다른 무엇보다도 늘 물질적 안정을 가장 염려하기 때문이다. 그러나 우리는 믿음에는 우리를 불안하게 만드는 요소가 있을 수밖에 없다는 것을 받아들여야 한다.

그리스도인이 되기 위해서 상당한 대가를 치러야 했던 루터의 시대에 루터교 신자들은 "믿음은 우리를 불안하게 만드는 것이다"라고 말했다. 종종 하나님의 말씀이 우리를 안전한 장소에 두기보다는 오히려 위험한 곳으로 이끌고 간다는 사실을 받아들여라. 안타깝게도 오늘날 대부분의 그리스도인들은 하나님께 지시하기를 원한다. 그들은 위험한 곳으로 가려고 하지도 않고 그분을 신뢰하지도 않는다.

언젠가 나는 영국에서 온 믿음의 형제의 간증을 듣고 매우 감동을 받았다. 한때 사업으로 많은 돈을 번 그는 어디를 가든지 돈을 많이 갖고 다니는 습관이 있었다. 그런데 성령님은 그에게 하나님을 의지하여 사는 법을 가르쳐주기 시작하셨다. 다시 말해서, 하나님이 공급해주시는 것을 받아서 사용하도록 그를 인도하시기 시작했다. 그는 이렇게 간증했다.

"내 아내와 나는 모든 것을 하나님께 맡겼습니다. 이제 우리에게는 집도 없습니다. 정기적으로 들어오는 수입도 없습니다. 나는 복음전도자로 일하고 있고, 우리는 이곳저곳을 다니며 하나님의 뜻을 행하고 있습니다. 다음에 무슨 일이 닥칠지 모른 채 단돈 만 원을 손에 쥐고 승용차에 올라타 몇 백 킬로미터를 가야 하는 경우가 흔히 있습니다. 그렇지만 하나님께서는 우리를 사용하십니다. 그분은 우리를 실망시키지 않으십니다. 우리가 다시는 우리의 세상적인 방법을 사용하지 않도록 그분은 우리를 끝까지 도우실 것입니다."

하나님과 함께 전진하는 확신에 찬 그리스도인들은 이 사람처럼 말할 것이다. 그리스도인이 "그렇게 하면 물질적으로 어려워지지 않겠습니까?"라고 묻는 것은 부끄러운 일이다. 그분이 우리의 주님이신데 물질적 안정이 뭐가 그리 중요하겠는가?

편한 십자가?

우리가 주께 여쭙기를 원하는 세 번째 질문은 "그것이 편할까요?"라는 질문이다. '하나님의 사람들이 편해야 하나님을 증거하고 하나님의 일을 할 수 있다'라는 사고방식을 가진 사람들에게 하나님께서는 무엇이라고 말씀하실까?

분명히 기억하라! 하나님과 그분의 대의(大義)를 위해 일하려는 사람들은 고생을 각오해야 한다. 고생하지 않고도 일이 된다면 그것은 십자가가 아니다. 아무 대가를 치르지 않고 손가락 하나 까딱하지 않고 영성을 추구할 수는 없다. 조바심이나 고민이나 희생 없이 하나님과 동행하겠다는 사람은 결코 성공할 수 없다. 이런 사람은 골짜기와 산꼭대기 사이의 중간에서 멈추어 거기에 텐트를 친 사람이다.

착각하지 말라! 십자가치고 고생스럽지 않은 것이 있는가? 편하게 죽는 법이 있는가? 나는 편하게 죽는 법이 있다는 말은 들어보지 못했다. 고생스러운지 아닌지를 따지는 것 자체가 잘못된 것이다! 고생이나 위험 없이 산꼭대기에 오를 수 있는가? 좀 더 편한 길을 찾으려고 두리번거리는 짓을 이제 그만두라.

산을 오르는 사람들은 언제나 위험에 노출되어 있다. 그들은 언제나 고생을 감수하면서 산에 오른다.

서글픈 일

앞으로 나아가라는 예수님의 음성을 들었을 때 장사꾼처럼 그분을 자기 뜻대로 설득하려는 사람들은 "그것이 재미있습니까?"라고 묻는다.

당신은 이런 사람들에게 내가 무엇이라고 말할지 어렵지 않게 짐작할 수 있을 것이다. 영성의 진보라는 중대한 문제가 걸려 있는 마당에 이런 한가한 질문이나 하는 사람들은 평범한 그리스도인의 상태에서 결코 벗어날 수 없다. 이런 사람들은 죽을 때까지 평범할 것이다. 그들이 뛰어난 영성 때문에 인정받는 일은 결코 일어나지 않을 것이다. 그들이 성령의 은사를 사용하여 유익한 일을 했다는 소문은 결코 들리지 않을 것이다.

기독교를 장난감으로 만들려는 이런 치욕스러운 난쟁이 성도들이 많기 때문에, 그들을 즐겁게 해주기 위해 여러 단체들이 설립되었다. 이 시대의 젊은 그리스도인들을 위해 종교와 오락을 혼합할 목적으로, 오직 그 목적으로 설립된 단체들이 있다는 것은 참으로 서글픈 일이다.

이런 현실을 볼 때 나는 젊은이들도 나이가 든 사람들과 마찬가지로 하나님 앞에서 책임을 져야 한다고 지적하지 않을 수 없다. 예수님을 만나 회심한 젊은이들은 고생과 희생을 감수할 준비가 되어 있어야 한다. 예수님은 자신의 제자들에게 재미있는 오락을 제공하겠다고 제안하지 않으셨는데, 어찌하여 오늘날의 설교자들은 성도들에게 오락을 제공해야 하는가? 이 모든 것은 평범한 그리스도인들에게 아첨하여 그들을 모으겠다는 잘못된 동기에서 비롯된 것이다.

재미와 인기가 서로 한통속인 것처럼 보이기 때문에 일부 우유부단한 사람들은 "오, 주님! 제가 주님의 뜻을 끝까지 따라도 사람들에게 계속 인기가 있을까요?"라고 묻는다.

아, 믿음이 약한 자들이여! 믿음이 약한 자들이여! 이런 사람들은 홀로 서기를 두려워하기 때문에 주변 사람들에게 인정과 지지를 받지 못하고는 못 배긴다. 그들은 주변과 어울려 살기를 좋아한다. 그들은 용기가 약해지는 것을 막기 위해 서로 간의 유대에 힘입어 버티려고 애쓴다. 그들 중 어떤 이들은 도무지 홀로 서지 못한다. 그리하여 "그렇게 해도 사람들에게 인기를 잃지 않을까요?"라고 물으면서 하나님과 단둘이 동행하기를 피한다.

내가 하나님의 은혜로 17세의 나이에 회심하였을 때 우리 집에는 예수님을 믿는 사람이 한 명도 없었다. 당시 나는 애크런(Akron) 시에 살았고, 우리 가족은 하숙을 쳤다. 우리 집에는 늘 사람들이 북적거렸지만, 신앙의 문제에서 나는 완전히 외톨이였다. 물론 사도행전에 나오는 스데반처럼 고결하게 홀로 서기를 한 것은 아니었지만, 아무튼 나는 신앙의 문제에서는 홀로 섰다. 이런 홀로 서기는 쉽지 않은 일이었다. 주변에는 교회에 가기를 원하는 사람이 한 명도 없었다. 식탁에서 기도하고 싶어 하는 사람도 없었다. 성경을 읽고 싶어 하는 사람도 없었다.

그러나 하나님의 은혜에 힘입어 나는 신앙의 문제에서 홀로 설 수 있었고, 이것에 대해 이제까지 늘 감사하며 살고 있다. 누이 두 명과 부모님이 회심하였고, 인척(姻戚)의 형제 한 명이 죽기 전에 회심하였으며, 그 외에도 몇 사람이 구주를 알게 되었다.

만일 내가 당시에 "주님, 신앙을 가지면 따돌림을 당하지 않을까요? 희생을 치러야 하지 않을까요?"라고 이의를 제기했다면 어떻게 되었겠는가? 그랬다면 방금 언급한 내 주변 사람들이 주님을 만나지 못했을 것이다. 하나님께서는 신앙을 가진 사람들에게 은혜와 자비를 베풀어 그들의 홀로 서기를 도우신다.

뒤돌아보지 말라

하나님의 자녀들 중 많은 사람들이 때로는 결단을 미루며 그분을 자기 뜻대로 설득하려고 시도한 적이 있을 것이다. 그들은 회심을 통해 그분을 알게 된 사람들이다. 그들은 자기들에게 변화가 일어났다는 사실을 잘 알면서도 평범한 그리스도인처럼 행동한다. 낙심하지 말자. 그들을 향한 하나님의 사랑은 무한하다!

사탄이 아주 오래전부터 써먹은 속임수는 성도들로 하여금 그들의 지난날을 자꾸 뒤돌아보고 낙심하도록 만드는 것이다. 그러나 명심하라. 자기 자신만을 들여다보는 것을 그만하고 앞을 내다보는 사람만이 하나님과 함께 앞으로 나아갈 수 있다. 우리는 과거를 자꾸 보거나 자기 자신만을 들여다보느라고 시간을 낭비해서는 안 된다. 하나님은 우리에게 앞을 내다보라고 말씀하신다!

우리 주님은 우리의 과거를 능히 처리하실 수 있다. 그분은 즉시, 완전히 용서하신다. 주님의 보혈로 우리는 하나님의 사랑을 받을 자격이 있는 자들로 변하였다. 우리를 용서하시는 하나님 아버지의 사랑 때문에 우리는 성도가 되어 온갖 영적 복을 누릴 수 있는 것이다.

하나님의 선하심은 우리가 영원히 헤아린다 할지라도 다 알

수 없을 정도로 무한하다. 당신이 거듭난 사람이고 당신에게 믿음의 뿌리가 있다면 하나님께서는 지금 당신이 속한 환경에서 당신과 함께 기꺼이 다시 시작하실 것이다. 설령 당신이 이제까지 평범한 신앙생활을 해왔을지라도 하나님은 결코 당신을 멸시하지 않으실 것이다.

chapter 06

하나님의 뜻에 따라 사는 사람들이 광신도인가?

하나님의 뜻에 따라 전진하려는 모든 시도를 '광신'이라고 여기며 거부하는 사람들이 있다. 이런 잘못된 가르침은 많은 그리스도인들을 잘못된 자만에 빠뜨려 그들의 현재 상태에 머물도록 만든다.

안도감의 교리

나는 많은 그리스도인들로 하여금 전진하지 않고 현재의 자리에 꼼짝 않고 머물도록 만드는 잘못된 성경 해석을 비난하지 않을 수 없다. 이런 잘못된 해석 때문에 그들은 영적으로 전진해야 한다는 성경의 교훈을 거부한다.

자칭 '선생'이라고 하는 어떤 사람들은 믿음으로 하나님의 나라에 들어간 사람들이 그 나라의 모든 것을 즉시 소유하게 된다고 가르치지만, 이런 교훈은 청산가리처럼 치명적이다. 영적 진보의 가능성을 말살하는 이런 교훈은 많은 사람들로 하여금 현재 상태에 그대로 머물도록 만드는데, 나는 이것을 '안도

감의 교리'라고 부르고 싶다.

그리스도인들이 주님을 알게 되자마자 그 상태에서 주저앉는 이유는 무엇인가? 나는 이것을 사람들이 신약의 진리를 잘못 배우고 누군가에게 잘못된 조언을 받았기 때문이라고 생각한다. 하나님의 자녀가 된 사람들에게는 언제나 기쁨이 있게 마련이고, 성경을 제대로 가르쳐주면 그들의 마음속에서는 그리스도와 함께 영적 모험에 나서고 싶다는 소원이 생길 수밖에 없다. 그런데 자칭 '선생'이라고 하는 사람이 그들에게 나타나 "당신은 그리스도 안에서 이제 완전합니다. 성경이 그렇게 가르칩니다. 그러므로 이제 당신은 당신이 완전하다는 사실을 기뻐하면 됩니다. 당신에게는 더 이상 필요한 것이 없습니다"라고 가르친다. 이렇게 배운 순간부터 그들은 하나님의 뜻에 따라 전진하려는 모든 시도를 '광신'이라고 여기며 거부한다. 이런 잘못된 가르침은 많은 그리스도인들을 잘못된 자만(自滿)에 빠뜨려 그들의 현재 상태에 머물도록 만든다.

푯대를 향해 전진하라

그러나 사도 바울은 잘못 가르치지 않았다. 빌립보서 3장에 기록된 그의 교훈을 읽어보면 우리는 놀라움으로 말을 잇지 못한다. 앞으로 계속 전진하여 그리스도인의 놀라운 경지에 이르려고 하는 그의 간절한 소원은 우리를 부끄럽게 만든다.

바울은 그리스도를 얻기를 간절히 소원했지만(빌 3:8) 사실 그에게는 이미 그리스도가 있었다. 그는 자기가 그리스도 안에서 발견되기를 원한다고 분명히 밝혔지만, 사실 이미 그는 그리스도 안에 있었다. 그리스도인이 그리스도 안에 있다는 교리를 신약성경에서 가장 많이 이야기한 사람이 바로 바울이지만, 그는 그리스도를 알기를 원한다는 자신의 강렬한 소망을 겸손히 밝혔다. 사실 그는 이미 그리스도를 알고 있었다!

바울은 기꺼이 이렇게 고백한다.

"내가 그리스도와 함께 십자가에 못 박혔나니 그런즉 이제는 내가 산 것이 아니요 오직 내 안에 그리스도께서 사신 것이라 이제 내가 육체 가운데 사는 것은 나를 사랑하사 나를 위하여 자기 몸을 버리신 하나님의 아들을 믿는 믿음 안에서 사는 것이라"(갈 2:20).

그런데 그는 자신의 상태에 그대로 머물러 있을 수 없었기 때문에 "내가 그리스도 예수께 잡힌 바 된 그것을 잡으려고 좇아가노라"(빌 3:12)라고 말한다.

이런 바울의 태도는 정통 교리를 믿는 현대의 그리스도인들의 태도와 얼마나 다른가! 성경구절을 알기만 하면 체험은 거저 따라온다고 믿는 '감동 없는 확신'과 얼마나 다른가! 이런 이상한 '감동 없는 확신'이야말로 영적 진보에 크게 방해가 된다. 이것은 하나님의 교회에 불어 닥친 가장 치명적이고 차가운 바람이다.

사도 바울을 날마다 전진하게 만들었던 뜨거운 소원이 어떤 것인지를 전혀 모르는 사람들이 우리 가운데 너무나 많다. 그러나 그로 하여금 "그리스도를 얻기를 원한다. 그분을 알기를 원한다. 그분 안에서 발견되기를 원한다"라고 고백하게 만든 소원이 있었기에 그는 날마다 전진할 수 있었다. 그런데 오늘날 어떤 선생들은 "우리에게는 모든 것이 있으므로 이제 우리는 감사하면서 서로 즐겁게 교제하기만 하면 된다"라고 가르친다. 이런 선생들의 태도와 사도 바울의 태도는 너무나 다르다! 도저히 서로 융합될 수 없다.

우리는 성경구절을 헬라어로 연구하기도 하고, 영어 번역본을 읽고 그 뜻을 이해하기도 한다. 그러면서 "이렇게 하면 더 이상 할 것이 무엇이냐?"라고 말한다. 성경구절의 의미를 알면 더 이상 할 것이 없다고 생각한다. 그러나 바울은 그렇게 생각하지 않았다. 오히려 그는 "나는 … 푯대를 향하여 그리스도 예수 안에서 하나님이 위에서 부르신 부름의 상을 위하여 좇아가노라"(빌 3:13,14)라고 고백했다.

그러나 심지어 어떤 사람들은 바울의 이런 뜨거운 소원을 그리스도 재림의 구름으로 둔갑시키려고 한다. 그들에 따르면, 이 구절에서 바울은 그리스도 재림의 때에 그가 붙잡게 될 구름에 대해 언급한다는 것이다. 그러나 이 구절은 재림에 대해 조금도 언급하지 않는다. 여기서 바울은 그의 현재 소원에 대해 언급했다. 다시 말해서, 그리스도와 함께 계속 전진하고 싶다는 자신의 소원을 피력한 것이다. 그는 그리스도 예수께 잡힌 바 된 그것을 잡으려고 좇아갔을 뿐이다!

만성적인 질병

왜 오늘날의 그리스도인들은 영적 소원과 승리에 관한 성경의 분명한 권면의 말씀에 의도적으로 귀를 막는가? 몇 가지 이유들 중 하나는 그들이 진리의 말씀을 들었지만 그것에 순종하기를 원치 않기 때문이다. 그러나 우리 주님은 자신이 가르쳐 주신 진리에 순종하지 않는 것을 결코 용납하지 않으신다. 그러므로 진리를 알면서도 순종하지 않는 사람들은 영적 정체 상태에 빠질 수밖에 없다. 그들이 주님을 위해 어떤 일을 해야 하는데 그것을 하지 않는다면, 죄를 고백해야 하는데 그렇게 하지 않는다면, 바로 잡아야 할 것이 있는데 그렇게 하지 않는다면, 순종해야 하는데 불순종한다면, 그들은 전진을 멈추고 주저앉아 있는 게 된다. 차축(車軸)이 부러진 자동차처럼 완전히 주저앉아 있는 것이다!

차축이 부러진 자동차처럼 주저앉아 빈둥거리는 교인들이 있다. 그들은 몇 년이 흘러도 조금도 전진하지 못한다. 하나님께 순종하지 않기 때문에 정체 상태에 빠져 있는 것이다.

또 어떤 그리스도인들은 만성적으로 낙심한 상태에 빠져 있기 때문에 곁길로 빠져서 아무 구실도 못하고 있다. 그 결과, 그들은 자신들의 상태가 모든 그리스도인들의 표준적인 상태라고 합리화하면서 스스로를 위로한다. 그들이 신자인 것은 사실이지만, 그들은 전진하면서 승리를 맛보는 삶이 자신들에게는 주어지지 않는다고 여긴다. 다시 말해서, 그들은 그리스도인이 승리의 삶을 살아야 한다고 말하면서도 그것을 자기 일로 여기지는 않는다. 그들은 이 교회 저 교회를 돌아다니고 많은 사경회에 참석하지만, 영적인 복이 다른 사람들을 위한 것이라고 믿는다.

이런 태도는 겸손이나 온유가 아니라 불신앙에서 나오는 낙심이다. 이런 상태에 빠진 사람들은 너무 오랫동안 병을 앓았기 때문에 자기는 회복될 수 없다고 믿는다. 그들에게 질병은 마치 애완동물처럼 되어버렸기 때문에 병이 사라지면 대화(對話)의 주제까지도 사라질 것이라고 염려한다. 그래서 그들은 병이 치료되는 것을 원하지 않는다. 말로는 원한다고 하지만 속으로는 원하지 않는다.

예루살렘에 있는 양문(羊門) 곁에 베데스다라 하는 못이 있고 그 주위에는 행각 다섯이 있었는데, 거기에 있던 삼십팔 년 된 병자에게 예수께서 "네가 낫고자 하느냐"(요 5:6)라고 물으셨다. 주님은 이 사람을 치료하여 걷게 하셨는데, 그렇게 하신 것은 치료 받기를 원하는 그의 의지가 분명했기 때문이다. 그런데 만일 그가 오늘날 많은 그리스도인들과 같은 태도를 보였다면 주님은 그를 그냥 지나치셨을 것이다. 다시 말해서, 그가 만성적으로 낙심한 상태에 빠져 있는 것을 보셨다면 그를 고쳐주지 않으셨을 것이다.

모나지 않은 것을 칭찬하는 사회

많은 사람들이 하나님과 함께 앞으로 나아가지 못하는 세 번째 이유가 여기 있다. 그것은 바로 세상에서 모나지 않게 행동하는 것을 좋게 여기기 때문이다. 그래서 많은 사람들이 모양새를 좋게 하는 기술을 배운다. 침착하고 예의 바르고 균형 잡히고 점잖고 원만한 생활 방식을 익힌다. 그들은 특히 신앙적인 면에서 극단적인 사람이라는 평을 듣는 것을 좋아하지 않는다.

과거에 하나님을 위해 위대한 업적을 이룬 신앙의 용사들은 극단적인 사람으로, 심지어 미친 사람으로 간주되었다. 너무나 원만하고 균형 잡힌 생활을 하는 우리는 이것을 잘 이해하지 못한다. 우리는 옥스퍼드대학교에서 학문을 배우고 감리교를 세운 존 웨슬리의 경건을 칭찬하지만, 그가 불같은 열정으로 일했기 때문에 사람들이 그에게 계란과 돌을 던졌다는 사실을 잊고 있다. 그가 외출할 때에는 깨끗한 옷을 입고 나갔지만 집에 돌아와서는 옷을 수선해야 할 정도였다고 한다. 그에게 균형 잡히고 원만하고 점잖은 행동보다 더 중요한 것은 사람들에게 그들을 구원하고 지켜주시는 그리스도의 능력을 알리겠다는 강한 열망이었다.

다른 사람들과 다르게 사는 것을 두려워하지 않았던 웨슬리 형제 같은 위대한 신앙인들에 대해 하나님께 감사하자! 비록 소수지만 이런 사람들이 언제나 우리 곁에 있다는 것에 대해 그분께 감사하자! 성경은 이런 사람들을 훌륭한 신앙인으로 규정한다. 요한계시록 3장 4절은 이런 사람들에 대해 "[그들은] 흰 옷을 입고 나와 함께 다니리니 그들은 합당한 자인 연고라"라고 말한다. 이 구절의 의미를 내가 다 안다고 말하고 싶지는 않다. 다만 많은 사람들의 마음이 차가워지고 신앙이 퇴보할 때에도 언제나 다른 사람들과 차별성을 보이는 하나님의 사람들이 일부 있었다는 것은 분명하다. 그들의 사랑과 열정과 찬양이 다른 사람들보다 특출했기 때문에 그들이 흰 옷을 입고 주님과 동행할 것이라는 데에는 이론(異論)의 여지가 없다.

우리 안에 영적 소원을 불러일으키시는 하나님

내가 이렇게 말하니까 당신은 내가 당신의 마음속에 영적 소원을 불어넣으려고 애쓰고 있다고 생각하는가? 분명히 말하지만, 그렇지 않다. 내가 더 많이 안다는 이유로 당신의 마음속에 영적 소원을 불어넣으려고 하는 것이 아니다. 나는 당신에게 심리적 자극을 줄 수는 있지만 당신에게 영적 소원을 불러일으킬 수는 없다.

「미지의 구름」의 저자는 이 점에 대해 "크신 자비 가운데 우리 주님은 당신의 마음에 소원을 불어넣으시어 당신을 부르고 아버지께로 이끄셨다"라고 말했다. 앞에서 이미 언급했듯이, 하나님께서는 당신보다 앞서 가신다. 만일 하나님과 그분의 일을 향한 열정이 당신의 마음속에 생겼다면 그분이 그것을 이미 당신에게 불어넣으신 것이다.

「미지의 구름」의 저자는 "하나님은 자신의 신성(神性)의 영원한 사랑 가운데 존재하지 않던 당신을 만드셨다"라고 말했다. 하나님이 당신보다 먼저 계셨다. 당신이 먼저 그분을 부른 것이 아니다. 왜냐하면 당신은 존재하지 않았기 때문이다. 이 저자의 말을 계속 들어보자.

"당신이 아담 안에서 잃어버린 자 되었을 때 하나님은 주님의 보혈로 당신을 사셨다."

여기서도 하나님께서 당신보다 앞서신 것이 드러난다. 나는 우리의 의지나 노력보다 그분의 은혜가 선행(先行)되어야 한다고 믿는다. 성령님이 먼저 일하시지 않으면 우리를 누구도 하나님의 나라 안으로 또는 더 깊은 영성(靈性) 속으로 밀어 넣을 수 없다. 조금씩 밀어도 안 되고, 확 밀어도 안 된다. 하나님께서 자신의 신성의 무한한 사랑 가운데 먼저 행하셔야 한다. 이 저자의 표현을 빌려 말하자면, 성령님은 우리가 거부감 때문에 그분을 멀리하는 일이 없도록 아주 부드럽게 우리를 밀어 넣으신다.

오, 나의 형제들이여! 우리가 이토록 넓은 영광의 바다 안에 있다는 것을 알면서도 아직도 마음에 열정이 생기지 않는가? 성령님은 우리가 거부감을 갖고 그분을 멀리하는 것을 원하지 않으신다. 그런 것을 용납하지 않으신다. 우리가 존재하지 않았을 때 우리를 만드시고 우리가 죄인 되었을 때 우리를 구속하신 하나님께서 아주 부드럽게 우리 안에 소원을 심어주셨다.

당신이 원하지 않는다면!

우리 중 몇 명이 이것을 자신의 이야기라고 여길까? 많은 사람들이 공개 토론회나 판에 박힌 교회의 형식에 만족하는 모습을 보일 때 마음속에서 거룩한 소원이 부드럽게 고개를 드는 것을 불현듯 느낀 사람이 우리 중에 있는가? 교회에 규칙적으로 출석은 하지만 거룩한 소원의 불이 점화되어 가슴 뛰는 특별한 체험을 해본 적이 없는 사람들이 우리 가운데 많다. 이것이 우리의 가련한 모습이다!

이런 거룩한 소원은 누군가 자극한다고 해서 생기는 것이 아니다. 하나님께서 주셔야 한다. 우리가 우리 자신을 창조하려 했다 할지라도 그렇게 할 수 없었을 것이고, 우리 자신을 구속하려 했다 할지라도 그렇게 할 수 없었을 것이다. 우리는 우리 자신을 설득하여 하나님을 향한 갈망으로 불타게 만들 수 없다. 그분을 향한 갈망은 그분에게서 와야 한다.

나는 젊었을 때 잠시 열차 안에서 판매원으로 일한 적이 있다. 나는 당시의 빅스버그 & 퍼시픽 철도를 타고 땅콩, 팝콘, 껌, 캔디, 책 등을 팔았다. 그러나 종종 나는 빅스버그에서 열차가 출발하여 종착역에 도착할 때까지 앉아서 책을 읽곤 했다. 결국 판매 실적이 좋지 않아 일을 그만두어야 했는데, 지금도 기억나는 것은 승객들의 구매 욕구를 자극하는 방법이다. 그것은 간단했다. 객차의 통로를 지나가면서 승객들에게 소금을 친 땅콩을 네다섯 개씩 건네주면 되었다. 열차의 이쪽에서 저쪽까지 가면서 이렇게 할 때에는 아무도 땅콩을 사지 않지만, 내가 다시 돌아올 때에는 거의 모든 사람들이 기꺼이 땅콩을 샀다. 그들이 땅콩의 맛을 보고 구매 욕구를 느꼈기 때문이다! 이것은 열차 판매원들이 흔히 사용하는 요령이었다.

그런데 영적인 세계에서는 이런 방법이 통하지 않는다. 전혀 불가능하다! 당신이 영적 삶의 평범한 상태를 받아들인 다음 더 이상 전진하지도 않고 더 이상 하나님을 갈망하지도 않는다면, 어떤 인간도 당신에게 그런 갈망을 불어넣어줄 수 없다. 하나님이 당신 안으로 들어가 하나님의 뜻을 이루시는 것을 당신이 원하지 않는다면, 당신은 하나님의 나라를 용기 있게 탐험했던 사람들과 같은 영적 모험을 감행할 수 없다.

더 좋은 땅을 구하라

하나님의 산(山)을 탐사하는 사람들, 영적 모험가들, 하나님 나라의 탐험가들, 이런 사람들에 대해 마땅히 자주 생각해야 함에도 불구하고 우리는 그렇게 하지 않는다. 그런데 하나님께서 이런 사람들에 대한 이야기를 성경에 자세히 기록하신 까닭은 그들이 더 좋은 땅을 구했기 때문이다.

왜 아브라함은 갈대아 우르를 떠났는가? 하나님께서 아브라함에게 영적 모험을 약속하시고 그가 하나님의 명령에 따라 갈대아 우르를 떠난 것은 사실이지만, 그렇다고 해서 당시 아브라함이 영웅이 된 것은 아니었다. 그가 갈대아 우르를 떠나려고 할 때 자만에 빠져 있는 사람들은 아마도 그에 대해 이렇게 말했을 것이다.

"저 바보를 좀 봐라. 저 사람은 문제가 있다. 모든 사람들이 일주일에 한 번 신전에 가서 제물을 드리는 것으로 만족하는데, 저 아브라함이라는 사람은 '내가 네게 지시할 땅으로 가라'(창 12:1)라는 음성을 들었다고 주장한다. 정말 바보가 아닌가?"

그들이 이렇게 수군거릴 때 아브라함은 "나는 하나님의 음성을 분명히 들었기 때문에 떠난다"라고 말했을 것이다. 당시 그는 영웅이 아니었다. 사람들은 그가 제정신이 아니라고, 적어도 절반은 미쳤다고 수군거렸을 것이다. 그러나 그 후 일이 어떻게 전개되었는지는 당신도 잘 알 것이다.

또한 모세를 보자. 그는 애굽에서 바로의 공주의 아들로 자라나 나중에 애굽의 왕이 되었을지도 모른다. 그러나 그는 그런 길을 거부했다. 그는 과감히 일어나 떠났다. 그 후 그가 어떤 삶을 살았는지는 역시 당신이 잘 알 것이다. 그가 하나님께 받은 큰 은혜와 그가 겪은 영적 모험을 기억하라.

또한 사도들과 영적 모험의 대가(大家)들을 살펴보라. 그들은 세상 사람들에게는 영웅으로 인정받지 못했지만 하나님나라 명예의 전당에 들어간 사람들이다. 그런데 그들에게서 우리가 주목해야 할 것은 그들의 열정이 밖으로 발산되기 전에 먼저 그들의 내부에서 열정이 타올랐다는 것이다. 하나님의 산에서 금을 찾겠다는 소원이 그들의 마음속에서 먼저 불같이 일어났기 때문에 그들이 금맥(金脈) 찾기에 나섰던 것이다. 이 하나님의 탐험가들의 경우, 내적인 변화가 선행된 다음에 그 증거로서 외적인 행동이 뒤따랐다.

촌보의 전진도 없는 영적 생활

외적인 변화가 일어나면 모든 문제가 해결될 것이라고 믿는 사람들이 너무 많다. 우리의 생활과 성품과 습관에서 외적인 변화가 일어나는 것이 하나님께서 원하시는 전부라고 생각하는 사람들이 너무나 많다. 외부로부터 주어지는 조언이나 압력으로 인해 목회를 시작하거나 해외 선교사로 나가는 사람들이 많다. 그러나 사람의 외부에서 일어나는 일이 그 사람의 마음에 아무런 영향을 미치지 못하는 경우들이 비일비재하다.

유감스럽지만 이런 일들이 실제로 일어날 수 있다. 선교사가 해외에 나가 평생을 사역할지라도 그가 자신의 영적 생활의 작은 땅에서 한 걸음도 전진하지 못하는 경우가 실제로 일어날 수 있다. 외부적인 요인에 의해 마음이 움직여서 몸만 사역지에 가는 것으로는 충분하지 못하다. 이것은 발의 여행이지 영혼의 여행이 아니다.

하나님께서는 자신의 백성에게 내적인 변화를 일으키기를 원하신다. 오늘날 교회들의 큰 문제는 그리스도 안에 마련된 것들을 체험하거나 사용하지 못한다는 것이다. 그러나 이런 문제가 있는데도 우리는 방관만 하고 있다.

나의 친구 목사 한 사람이 내게 편지를 보내 자신이 겪은 일을 알려주었다. 그는 어떤 교회에서 열리는 선교대회에 강사로 초청되었다고 한다. 그는 선교회들의 활동에 대해 설교하기로 되어 있었다. 집회 장소에 도착했을 때, 그는 집회를 위한 영적 준비가 월드 시리즈(미국 프로야구 최종 승자 결정전)의 첫 경기를 위한 준비만큼도 되어 있지 않다고 느꼈다. 첫날 밤 집회에는 25명 정도가 참석했다. 그런데 그 교회의 목사는 다음 날 집회에 4중창단이 와서 아주 생동적인 찬양을 할 것이라고 광고했다. 그 다음 날 밤, 교회에는 빈 좌석이 없을 정도로 사람들이 몰려들었다. 그 중창단은 자기들끼리 놀리는 말을 주고받았고, 익살을 떨어 청중의 이목을 집중시켰다. "하나님을 좀 더 도와드립시다"라는 가사의 노래를 부른 후 (내가 추측해보건대 그날 밤 자칫 지루할 뻔한 하나님을 도와드렸다고 판단해서인지) 그들은 다른 집회에 가서 '또 하나님을 좀 더 도와드리기 위해' 기타를 손에 쥐고 쏜살같이 교회를 빠져나갔다.

내가 묻고 싶은 것은 이것이다. 이런 집회에 참석한 사람들이 은혜 안에서 지속적으로 성장할 수 있겠는가? 이런 일이 우리 교회에서 일어났든, 다른 교회에서 일어났든, 세상에서 제일 큰 교회에서 일어났든 그것이 중요한 것이 아니다. 중요한 것은 하나님을 조용히 만나 그분께 은혜와 능력을 받지 못한 사람이 이런 집회에 참석해봐야 은혜 안에서 성장할 수 없다는 것이다.

우리에게는 우리가 의지할 수 있는 하나님의 말씀이 있다. 그분은 사랑 가운데 우리를 부르셨을 뿐만 아니라 우리의 지속적인 영적 성장을 위해 푸른 초장을 우리에게 약속하셨다. 그런데 하나님의 사랑을 받는 그분의 자녀들 중 일부는 그분이 예비하신 푸른 초장을 사모하지 않는다. 왜냐하면 그리스도께서 예비하신 모든 영적인 것을 자기들 안에서 체험하는 기쁨을 맛보지 못했기 때문이다.

나는 동양의 다양한 종교 서적들을 읽곤 했는데, 내 기억에 의하면 힌두교의 서적에는 "경전을 열심히 배우지만 그것에 따라 살지는 않는 자들이여! 너희는 다른 사람들의 소를 열심히 세지만 자기는 어린 암소 한 마리 없는 자와 같다"라는 구절이 나온다. 과거 힌두교 신자들이 자신들에게 이렇게 말하는 것은 아주 적절했다. 나는 이것을 오늘날 우리의 입장에 적용하여 다음과 같이 말하고 싶다.

"신앙을 고백하는 많은 그리스도인들은 다른 사람들의 소를 세느라고 바쁘다. 다시 말해서, 신학과 고고학과 인류학과 종말론을 공부하느라고 바쁘다. 하지만 자신들에게는 어린 암소 한 마리 없다!"

그들은 하나님께 직접 받은 것은 거의 없고, 다른 사람들이 그분께 받은 것들만 쳐다보고 있다. 하나님께서 그들을 위해 이루신 것들을 책으로 쓴다면 아주 얄팍한 책이 될 것이다. 그러나 이제라도 늦지 않았다. 그들이 하나님의 뜻을 따르기만 한다면 주께서 베푸실 것들에 대해 아주 두꺼운 책을 쓸 수 있다.

하나님을 그냥 내버려두라!

하나님은 "나는 네 마음속에, 네 영적 존재 안에 액화(화염방사기에 사용되는 액체)를 조금 부어줄 준비가 되어 있다"라고 말씀하신다. 그러나 우리는 그분께 "아닙니다. 주님! 저를 용서하소서. 그러시면 저는 광신에 빠져 나의 것들을 포기해야 할 것입니다"라고 말씀드린다. 우리는 예수님의 십자가의 모든 유익들을 누리기를 원하면서도 그분의 뜻을 거부한다.

「미지의 구름」에는 "하나님을 바라보라. 그분을 그냥 내버려두라. 이렇게 하는 것이 그분의 뜻이다"라는 의미심장한 말이 나온다. 하나님을 내버려두라! 다시 말해서, 하나님이 일하시게 하라! 하나님을 막지 말라! 하나님이 당신의 마음에 불을 붙이고 당신에게 복을 주고 당신을 평범한 상태에서 이끌어내어 하나님을 갈망하는 사람으로 만들려고 하실 때 하나님을 막지 말라. 하나님을 설득하려고 하지 말라. 하나님 아버지는 자녀들이 통사정을 해야 비로소 그들의 청을 들어주시는 인색한 부모가 아니다. 그분은 자기 자녀들에게 줄 선물을 한아름씩 안고 계신다. 하나님께서는 우리가 가만히 서서 자신이 일하시는 것을 보기를 원하신다.

사실 현대인들은 이렇게 하기가 매우 힘들다. 왜냐하면 그들은 자기 일을 스스로 처리하는 데 아주 익숙해졌기 때문이다. 예를 들면, 배관공을 불러서 그에게 일을 완전히 맡기는 것은 그들의 체질에 맞지 않는다. 그들은 배관공을 부르고도 그의 옆에 서서 이렇게 하라 저렇게 하라고 잔소리를 늘어놓아야 직성이 풀린다. 이런 현대인들이 수술대 위에 누워서 의사에게 얌전히 수술을 받는 것을 보면 정말 신기할 따름이다.

우리는 무슨 일에든지 끼어들지 않고는 못 배긴다. 그런데 안타깝게도 대부분의 그리스도인들이 하나님께 이런 식으로 행동한다. 우리는 하나님께서 우리의 어려운 부분을 감당하신 다고 생각하는데, 물론 이런 우리의 생각은 맞다. 그러나 하나님께서 우리의 도움을 기꺼이 받으려고 하신다는 생각은 완전히 잘못된 것이다.

"하나님을 바라보라. 그분이 일하시게 하라. 그분을 그냥 내버려두라."

당신의 두 손을 옆으로 내리고 가만히 있어라. 수술 칼을 어디에 대야 할지 하나님께 훈수 두지 말라. 하나님을 대신하여 진찰하지 말라. 당신께 무슨 약을 처방해주셔야 할지 조언하지 말라. 하나님이 의사이시다! 환자는 당신이다!

형제들이여! 앨버트 벤저민 심슨 박사가 남긴 귀한 교훈이 있다.

"하나님께서 일하시게 하라. 그분을 그냥 내버려두라. 당신은 손을 떼라. 그분이 당신 안에서 일하신다."

그가 평생에 걸쳐 강조한 이 귀한 교훈은 모든 그리스도인들에게 충격을 주고 복을 주고 도움을 주었다. 하나님이 일하시게 하라! 그러면 당신의 영성(靈性)은 떠오르는 태양처럼 빛을 발할 것이다.

/ chapter 07

당신의 마음속에 있는
하나님의 경쟁자들을 제거하라

> 우리가 그리스도인으로서 살면서 가장 잘못한 것이 무엇인지 아는가? 그것은 하나님의 경쟁자들을 너무 많이 만들어놓았다는 것이다. 사실 우리에게는 신들이 너무 많다. 우리는 너무 많은 것에 관심을 쏟는다.

영적으로 퇴보하는 이유

그리스도인들이 자신들의 구주 예수 그리스도의 인자하심을 새롭게 발견해야 할 필요성을 인정한다면, 현재 교회에서 느껴지는 영적 차가움과 무감각이 즉시 사라질 것이다. 나는 우리가 우리의 믿음의 조상들만큼 뜨겁게 주 예수님을 사랑하고 갈망해야 한다고 느낀다. 이 점을 끊임없이 강조하는 것은 내 나름대로 성경적 근거가 충분히 있기 때문이다.

도대체 무엇이 근본적으로 잘못되었기에 신자 개인이나 교회나 교파들이 영적으로 퇴보하는 것인가? 이 문제에 대한 예수 그리스도의 진단은 분명하다.

"너를 책망할 것이 있나니 너의 처음 사랑을 버렸느니라"(계 2:4).

이것이 그분의 진단이다. 여기서 주님은 시간적으로 처음에 있었던 사랑에 대해 말씀하시는 것이 아니라, 그분을 향한 처음 사랑의 뜨거움에 대해 말씀하시는 것이다. 주님의 이 말씀은 오늘날 교회들이 지닌 큰 약점이 무엇인지를 잘 드러낸다.

우리는 그리스도와 풍성한 교제를 나누며 그분을 깊이 알아가는 일을 소홀히 한다. 이것은 분명한 사실이다. 그런데 왜 우리는 이런 사실에 대해 언급조차 하지 않는 것일까? 현재 우리는 영적 소원과 갈망과 우리 구주의 인자하심에 대한 이야기를 듣지 못하고 있다(그러나 만일 우리가 그리스도와 일대일의 깊은 교제를 나누기 시작한다면 그분의 인자하심이 모든 장벽을 부수어버릴 것이다). 이런 이야기는 기독교 서적에서도, 라디오 설교에서도, 교회의 설교단에서도 들을 수 없다. 왜 그런 것일까?

그리스도께서 자신에게 속한 사람들과 점점 더 깊은 교제를 나눌 수 있다고 믿는 믿음이 우리에게 없기 때문일까? 아무튼 처음 믿어서 하나님을 알게 되는 것은 중요한 일이지만, 그것보다 더 중요한 것은 헌신 가운데 전진하면서 그분을 깊고 풍성하게 체험하는 것이다. 이것을 깨달은 바울은 체험을 통해 깊고 풍성하게 그리스도를 알기 원한다고 고백했다(빌 3:10). 우리가 지금보다 더 깊고 풍성하게 주님을 알아야 할 확실한 이유들이 많지만, 그중에서도 단연 첫째 이유는 그분이 우리와 같이 인격을 지니신 분이라는 점이다.

우리는 예수님이 인격을 지니신 분이며 하나님의 영원한 아들이시라는 것에 모두 동의한다. 그렇다면 당신은 그분이 우리를 위해 모든 것을 창조하시고, 모든 것의 근원과 원천이 되신다는 이유 하나만으로 그분을 숭모(崇慕)하는 단계에까지 이르렀는가?

가장 아름다운 그리스도의 빛

그리스도는 모든 진리의 원천이시다. 그런데 더 나아가 그분은 진리 자체이시다. 그리스도는 모든 아름다움의 근원과 힘이시다. 그런데 더 나아가 그분은 아름다움 자체이시다. 그분은 모든 지혜의 원천이시지만, 더 나아가 지혜 자체이시다. 그분 안에는 지혜와 지식의 모든 보화가 숨겨져 있다.

우리 주 예수 그리스도는 모든 은혜의 원천이시다. 그분은 모든 생명의 원천과 근원이시지만, 더 나아가 "내가 곧 생명이다"라고 말씀하셨다. 그분은 사랑의 원천이시지만, 더 나아가 그분이 곧 사랑이시다. 주님은 부활이요 불사(不死)이시다. 어떤 이는 "아버지의 영광의 밝음이요 아버지의 얼굴의 빛"이라고 그분을 숭모하며 노래를 지어 불렀다.

'만유의 주재'(찬송가 48장)라는 또 다른 곡이 있다. 찬송가에는 이 곡의 일부 가사가 빠져 있는데, 그것은 모든 것이 멸망하고 사라진다 할지라도 예수 그리스도는 영원히 거하신다는 진리를 전한다. 그리고 "예수님은 땅에서 가장 아름다운 분, 하늘에서 가장 빛나는 분이시니 이 땅에서 빛나는 모든 것들이 그분의 흠 없는 순결함 앞에서 그 빛을 잃도다"라고 노래한다.

세상 사람들도 사랑을 할 때 설렘을 느낀다. 그러므로 우리의 구주를 사랑하는 우리 그리스도인들은 그분이 누구시고 어떤 분인지를 생각할 때 더욱 가슴이 설레야 할 것이다.

나의 한 친구는 내가 세상 것들에 설레거나 들뜨지 않기 때문에 나를 매우 따분하게 여겼다. 사실 내 친구들 중 누군가 새로 산 고급 승용차를 몰고 나타난다 할지라도 내 입에서는 감탄사가 나오지 않는다.

웅장한 저택을 짓는 사람은 곧 탄생하게 될 자신의 집에 대해 언급할 때 흥분하여 목소리가 떨린다. 그러나 하나님의 말씀에 근거하여 단언하건대, 만일 그들이 하나님께서 지으신 영원한 집이나 도성(都城)을 본다면 인류 역사상 지어진 어떤 웅장한 집이나 도성에도 흥분하지 않을 것이다.

아브라함은 하나님께서 지으신 도성을 본 이후로는 자신을 위해 영구적인 집을 결코 짓지 않았다고 한다. 나도 역시 그 도성에 대해 결심한 바가 있다. 나도 이 땅에서 지내는 동안 장막에 거하는 편을 택하고 싶은 심정이다. 왜냐하면 하나님나라에 있는 내 미래의 집에 대해 내 나름대로의 계획이 있기 때문이다. 그 집은 내가 아는 이 세상의 그 어떤 집보다도 아름답고 훌륭할 것이라고 확신한다.

"예수님은 땅에서 가장 아름다운 분, 하늘에서 가장 빛나는 분이시니 이 땅에서 빛나는 모든 것이 그분의 흠 없는 순결함 앞에서 그 빛을 잃도다."

그리스도인들이 이 가사의 의미를 잊고 산다는 것은 정말로 슬픈 일이다.

그리스도를 위하여 해로 여김

「미지의 구름」에서 영혼의 깊은 고백을 쏟아낸 그 사람은 하나님의 사람이었음에 틀림없다. 틀림없이 그는 날마다 예수 그리스도와 깊은 교제를 나누며 살았을 것이다. 아마 그는 그분을 알기 위해 자신이 치러야 할 대가가 무엇인지를 알았을 것이다.

그러나 많은 사람들은 이런 대가를 치르기를 원하지 않기 때문에 '평범한 그리스도인'이라는 꼬리표를 떼지 못한다. 대부분의 그리스도인들은 "나는 그리스도인이 되기 위해 대가를 지불했습니다. 그것은 더럽고 유해하고 죄악된 것들을 버린 것입니다"라고 경건하게 말한다. 그러나 해로운 것들을 버린 단계에 만족하며 거기에 계속 머문다면 평범한 그리스도인으로 지낼 수밖에 없다. 그들은 나쁜 것들을 포기했다고 하지만, 사도 바울은 그리스도를 위해 나쁜 것뿐만 아니라 좋은 것도 버렸다고 말했다.

바울은 "무엇이든지 내게 유익하던 것을 내가 그리스도를 위하여 다 해(害)로 여길 뿐더러"(빌 3:7)라고 고백했다. 그는 자신이 법적 도덕적 권리를 주장할 수 있는 것까지도 해로 여겼다. 다시 말해서, "이것들은 기독교가 내게서 빼앗을 수 없는 내 것이다"라고 말할 수 있는 것까지도 해로 여겼다.

빌립보서에 기록된 바울의 말에는 "나는 그것들을 모두 포기했다. 왜냐하면 그것보다 훨씬 더 좋은 분을 발견했기 때문이다"라는 뜻이 내포되어 있다. 그가 발견한 훨씬 더 좋은 분은 아버지와 함께 계신 분이요 모든 지혜와 아름다움과 진리와 불사(不死)의 원천이신 예수 그리스도이시다.

바울은 많은 그리스도인들이 아직 배우지 못한 것을 먼저 깨달았던 사람이다. 그에 따르면, 인간은 늘 무엇인가를 숭배하기를 좋아하기 때문에 자기의 소유가 된 것이라면 무엇이든지 숭배하려는 경향을 가지고 있다. 그렇기 때문에 좋은 것들 속에도 위험이 도사리고 있다. 우리는 악하고 나쁜 것은 버렸지만 좋은 것은 버리지 않고 그것에 집착하면서 숭배하려는 경향을 가지고 있다. 우리는 포기하지 않은 것을 결국 숭배하게 된다. 해로 여기지 않는 것은 결국 숭배의 대상이 된다. 다시 말하지만, 아무리 좋은 것이라도 그것이 하나님과 당신 사이를 가로막을 수 있다. 재물, 가족, 명성, 물질적 안정 또는 당신의 목숨이 하나님께 나아가는 데 걸림돌이 될 수 있다는 말이다.

예수님은 우리의 목숨을 붙들며 그것에 집착하는 이기심의 위험성을 경고하셨다. 이 땅에서의 목숨을 너무 소중히 여긴 나머지 그것을 그분께 내어 드리지 못한다면 결국 그것을 잃게 될 것이라고 그분은 우리에게 분명히 가르치셨다. 또한 예수님은 하나님 아버지를 온전히 신뢰하는 것보다 세상적인 안정을 더 의지하는 것에 대해서도 경고하셨다.

우리는 안정을 보장해주기를 원하지만, 이런 바람은 바울의 생각과 너무나 먼 것이다. 이 세상 것들에 관한 한 그는 안정을 누린 적이 거의 없었다. 그는 "나는 날마다 죽노라"(고전 15:31)라고 단언했다. 세상 나라들의 핍박 때문이든 바다의 폭풍 때문이든 그는 언제나 고난을 당했다.

예수를 아는 지식 외에는

형제들이여! 우리는 저 세상의 영원한 안정을 원하는 동시에 이 땅에서의 안정을 원한다. 이것이 현대 복음주의자들의 모습이다. 그러나 바울은 그렇지 않았다. 그는 "나는 그리스도께 사로잡혔기 때문에 다른 모든 것을 포기한다"라고 선언했다.

물론 하나님께서 바울에게 소유하도록 허락하신 것들이 몇 가지 있기는 하다. 그분은 그가 책 한두 권과 망토 하나를 갖도록 허락하셨다. 어떤 경우에, 그분은 그에게 2년 동안 셋집을 사용하도록 허락하셨다. 그러나 어떤 경우든 간에 그는 자신에게 허락하신 것들이 자기 마음을 사로잡지 못하도록 하는 모범을 보여주었다. 다시 말해서, 그가 그것들을 자기 소유로 여기지 않았다는 것이다.

이 세상의 귀한 것들이 우리의 마음을 사로잡는다면 그것들은 우리에게 저주스러운 것이 된다. 바울은 그리스도를 알기 위해 모든 것을 버렸다고 했다. 그는 어떤 것이라도 그와 하나님 사이의 관계를 가로막을 정도로 커지는 것을 용납하지 않았다.

바울의 모범을 보면서 우리는 오늘날 교회들에서 가르치는 일부 교훈을 문제 삼지 않을 수 없다. 많은 교회에서 그리스도를 '덧붙여진 분'이라고 가르친다. 좀 더 구체적으로 말해서, 우리의 힘으로도 이 땅에서 꽤 즐거운 삶을 살 수 있지만, 지옥을 면하고 하나님나라의 멋진 집에 들어가기 위해서는 그리스도가 덧붙여져야 한다고 가르친다.

이것은 신약의 가르침과 맞지 않는다. 바울은 이 세상 것들을 그런 식으로 바라보지 않았다. 그는 그리스도가 무한히 매력적인 분이라는 것을 깨달았기 때문에 이 세상에서 습득한 기존의 모든 가치 체계를 헌신짝 버리듯 버렸다.

본래 그는 가말리엘 문하에서 지적 훈련을 받은 지식인이었다. 지금 같으면 박사 학위를 받고도 남을 사람이었으나, 그는 자기의 지식을 무익한 것으로 여겼다. 그의 표현을 빌리자면 그것이 '배설물'이라는 것이다! 그는 자신의 출생과 혈통에 대해 언급하고 자기가 조상들의 훌륭한 종교적 유산을 물려받았다고 이야기한 후, "그리스도를 위하여 이 모든 것을 아무 쓸모없는 것으로 여기고 발 밑에 둔다"라고 고백했다.

바울은 이런 태도를 통해 자랑할 것이 너무나 많은 우리에게 일침(一鍼)을 가한다. 우리 중 어떤 사람들은 자기의 국가적 및 문화적 전통에 너무나 집착한 나머지 교만의 죄에 빠져 있다. 우리는 자신의 물질과 능력을 자랑하기에 바쁘다. 그러나 바울은 "내가 인간적으로 자랑할 수도 있는 모든 것을 그리스도를 위하여 해(害)로 여긴다"라고 고백한다.

이런 바울의 모습을 보면서 우리는 우리 구주를 사랑하고 따르기 위해 그것을 방해하는 모든 것을 버려야 한다는 것을 배울 수 있다. 이런 점에서 현대의 그리스도인들은 그에게 많은 것을 배워야 한다. 지금 이 시대가 잘못된 방향으로 가고 있는 것을 우려하여 어떤 이들은 "조국이여, 하나님께로 돌이켜라. 그렇지 않으면 핵폭탄의 재앙을 만나게 될 것이다"라고 말하기도 하고, 또 어떤 이들은 "조국이여, 음주와 도박을 그쳐라. 그렇지 않으면 로마처럼 멸망할 것이다"라고 경고하기도 한다.

우리의 오래된 친구이자 스승, 즉 「미지의 구름」의 저자는 왜 우리가 하나님만을 추구해야 하는지를 가르쳐준다. 그는 그 이유를 그분의 본질에서 찾고 있다.

"하나님은 질투하는 연인이시기 때문에 경쟁자를 용납하지 않으신다. 그분은 우리의 의지(意志)를 독차지하기 전에는 우리의 의지 안에서 일하지 않으신다."

이것이 600여 년 전에 살았던 성도의 가르침이다!

하나님의 경쟁자들

형제들이여! 우리가 그리스도인으로서 살면서 가장 잘못한 것이 무엇인지 아는가? 그것은 하나님의 경쟁자들을 너무 많이 만들어놓았다는 것이다. 사실 우리에게는 신(神)들이 너무 많다. 우리는 너무 많은 것에 관심을 쏟는다. 우리는 이해하지도 못하는 신학을 너무 많이 만들어놓았다. 교회 안에는 불필요한 조직이나 단체가 너무 많다. 우리는 종교적 활동의 과잉 현상에 시달리고 있다. 이런 것들에 깔려 죽을 판이다!

우리 안에는 하나님 혼자 계셔야 하는데 실상은 그렇지 못하다. 우리가 하나님의 경쟁자들을 갖다 버리지 않는 한 하나님께서는 우리 안에서, 우리를 통해 자신의 뜻을 이루실 수 없다. 그리스도께서 성전을 온전히 깨끗하게 하시고 거기에 홀로 거하실 때 비로소 그분은 일하실 수 있다.

하나님께서는 인간의 마음속에서 보이지 않게 은밀히 일하기를 좋아하신다. 당신은 광산의 갱도(坑道)를 따라 깊은 곳으로 내려가본 적이 있는가? 그곳에서 광부들이 석탄이나 금이나 다이아몬드를 캐내지만, 그 위의 땅에서 걷거나 그 위의 하늘에서 비행기로 여행하는 사람들은 그 깊은 곳에서 무슨 일이 일어나고 있는지 알지 못한다. 그들은 땅속 깊은 곳에서 지능(知能)을 갖춘 존재들이 광물을 캐내기 위해 땀 흘려 일하고 있다는 것을 상상조차 못할 것이다! 하나님도 우리 속의 깊은 곳에서 일하신다. 그분은 보이지 않게 은밀히 일하신다.

그런데 이 시대를 살아가는 우리는 극적(劇的)인 것에 집착한다. 우리는 모든 것이 극적이기를 원한다. 하나님께서 연극을 하듯이 일하시지 않으면 우리는 그분의 일을 받아들이려고 하지 않는다. 우리는 그분이 수염을 기르고 지팡이를 짚고 독특한 옷을 입고 나타나기를 원한다. 그분이 우리의 각본에 따라 충실히 자기 역할을 감당해주기를 원한다. 우리 가운데 어떤 이들은 심지어 그분이 다채로운 행사와 불꽃놀이까지 제공해주시기를 바란다.

이런 우리에게 하나님은 다음과 같이 말씀하신다.

"그만! 그만! 너희 아담의 후예들이여, 육신과 정욕의 자녀들이여! 너희는 육신을 눈부시게 과시하기를 원하는구나! 너희는 내 아들을 오해하고 있다. 나는 너희의 각본에 따라 일하지 않는다. 나는 너희 안에서 내 일을 이룰 수 없다."

기독교가 하나님께 이런저런 것들을 얻어내는 또 하나의 수단이라고 믿는 사람들 안에서는 하나님께서 일하시지 않는다. 나는 어떤 사람들이 "저는 소득의 10분의 1을 하나님께 드립니다. 그렇게 하면 하나님께서 도와주셔서 남은 10분의 9를 10분의 10보다 더 유용하게 쓸 수 있기 때문입니다"라고 간증하는 것을 들었다. 그러나 이것은 영성이 아니라 거래일 뿐이다.

하나님의 일하심을 세상에서의 번영과 성공에 연관시키는 것은 위험하다. 나는 "당신이 주님을 따르면 곧 물질적으로 번영할 것입니다"라고 약속할 수 없다. 왜냐하면 그리스도께서 자신의 제자들에게 그렇게 약속하시지 않았기 때문이다. 지난

2천 년의 기독교 역사를 보면, 예수님을 따른 사람들은 그분을 아는 지식을 고상하게 여겼기 때문에 다른 모든 것을 해(害)로 여겼다.

알약은 없다!

혹시 당신이 "번영하는 그리스도인들도 있지 않느냐?"라고 물을지 모르겠다. 물론 그렇다. 하나님께서 특별한 물질의 복을 주셨기 때문에 번영하는 그리스도인들이 있는 것이 사실이고, 또 그들이 주님을 따르는 가운데 물질의 대부분을 그분께 다시 바치는 것도 사실이다. 그런데 중요한 것은 그들이 기독교 신앙을 재물을 모아 부자가 되는 수단으로 이용하지 않는다는 점이다.

종종 나는 영적으로 더 깊은 그리스도인의 삶을 살려고 애쓰는 사람들의 간증을 듣는다. 그런데 그럴 때 나는 그들이 그리스도인의 경건한 삶을 알약의 형태로 손에 넣으려고 한다는 인상을 받는다. 만일 하나님께서 그것을 알약처럼 만들어주셨다면, 그들은 물 한 잔으로 알약을 목구멍으로 넘기듯이 쉽게 그것을 삼킬 것이다. 또한 그들이 기독교 서적을 사서 읽는 까닭은 손쉬운 처방을 알아서 경건생활을 쉽게 하려고 하기 때문이다. 그러나 그런 식의 기발한 기술은 없다. 있다면 십자가가 있을 뿐이다! 교수대(絞首臺)가 있을 뿐이다. 등에 채찍 자국을 지닌 채 피를 흘리는 분이 있을 뿐이다. 가진 것 없이 고독하게 배척당하며 힘들게 살다가 마지막에 영광을 받은 사도가 있을 뿐이다. 그러나 알약은 없다!

우리가 그리스도를 이용하려고 한다면 그럴 수 있는 방법이 천 개는 될 것이다. 예를 들어보자. 여기에 목회를 하겠다는 목표를 세우고 공부하는 젊은이가 있다. 그는 눈이 쇠약해질 때까지 열심히 공부하지만, 유명한 설교자가 되기 위해 그리스도를 이용할 수도 있다. 그는 안수를 받고 목사가 될 것이며, 책을 쓰면 학자로 불릴 것이다. 그가 자기의 목적을 이루기 위해 그리스도를 이용한다면 그는 장사를 해서 이윤을 챙기는 장사꾼에 불과하다. 주님은 이런 사람을 다른 사람들과 마찬가지로 성전에서 쫓아내실 것이다.

또 오늘날 이런 사람들이 있다. 그들은 수많은 소품들과 첨단 장비들을 사용하지 않고는 교회 일을 할 수 없는 사람들이다. 이런 사람들을 볼 때 나는 "그런 것들의 도움을 받을 수 없는 상황이 닥치면 어떻게 하려는가?"라고 묻고 싶은 심정이다. 그런 것들을 화물차에 싣고 돌아다니지 못하는 상황도 발생하게 마련이다!

언젠가 라디오를 들었는데, 어떤 사람이 주님을 더 잘 섬기기 위해 펜실베이니아와 오하이오에서 이런저런 장비들을 잔뜩 가져왔다고 자랑했다. 그렇지만 하나님을 더 잘 증거하고 더 잘 섬기도록 만들어주는 장비란 이 세상에 없다.

이런 이야기를 하다보니까 천막 집회 때에 보았던 나이 많은 여자들이 생각난다. 그들은 "우리는 이 열 줄 달린 하프로 주님을 찬양합니다"라고 말하곤 했다. 늙어서 갈색 반점들이 생긴 주름 진 손으로 하프를 연주할 때 그들의 얼굴이 해처럼 환하게 밝아진 모습이 지금도 내 눈에 선하다! 아름다운 것은 하프가 아니라 하나님을 찬양하기 위해 그것을 연주한 그들의 쭈글쭈글한 손이다!

말도 되지 않는 소리를 잔뜩 늘어놓아야 주님을 섬길 수 있다고 믿는 사람이 아직도 있는가? 명심하라! 하나님의 경쟁자들을 제거하고 그분이 당신 안에서 일하시도록 하기만 하면 당신은 그분을 온전히 섬길 수 있다. 관절염 때문에 무릎 꿇고 기도할 수 없는 사람이라 할지라도 마음으로 그분을 바라보며 기도할 수 있다. 왜냐하면 기도할 때 무릎을 꿇느냐 꿇지 않느냐 하는 것은 본질적인 문제가 아니기 때문이다. 기도는 우리의 마음이 하나님을 향하도록 하는 것이다. 마음이 그분을 향해 있는 사람은 얼마든지 기도하고 찬양하고 경배할 수 있다.

예수님을 사랑하는 것은 이런 것이다!

참으로 이상한 일이 있다. 만일 당신이 신비에 대해 이야기한다면 모든 복음주의자들은 손을 높이 치켜들고 당신에 대한 혐오감을 표현할 것이다. 그것은 그들이 신비가(神秘家)를 몽상가(夢想家)로, 감정에 좌우되는 사람으로 여기기 때문이다. 그러나 옛 성도들과 믿음의 조상들은 "단호하고 냉정한 의지(意志)로써 하나님을 믿어라. 그리하면 감정이 따라온다"라고 가르쳤다.

"냉정한 의지로써 하나님을 따르라"라고 가르친 옛 성도들은 실제적인 사람들이었다. 그들은 마음이 내키든 내키지 않든 간에 믿음으로 전진하라고 권면했다. 그들은 기도하고 싶은 마음이 생기든 생기지 않든 간에 기도하라고 가르쳤다. 그들은 감정이 고조된 상태에서만 기도해야 한다고 가르치지 않았다. 그들은 우리가 때로는 하나님을 향한 굳세고 냉정한 의지로써 영성의 진보를 이루어내야 한다는 사실을 알고 있었다.

하나님과 예수 그리스도를 알기를 원하는 이런 단호하고 냉정한 의지가 우리에게 있다면 정말 좋겠다! 세상의 모든 것들과 사람들을 발 아래 놓고 오직 하나님의 아들을 향해 우리의 마음을 여는 날이 빨리 왔으면 좋겠다!

우리는 우리의 모든 관계에서 균형을 잡아야 한다. 남편과

아내, 아버지와 아들, 어머니와 딸, 사업가와 그의 동료, 납세자와 시민 등 이런 모든 관계들이 제자리를 잡는 것은 매우 좋은 일이다. 그런데 단 한 가지 전제되어야 할 것이 있다. 그것은 그들의 마음속 깊은 곳에 오직 한 분의 연인이 계셔야 한다는 것이다. 그분은 경쟁자들을 결코 용납하지 않으신다.

왜 하나님께서는 이렇게 되어야 한다고 주장하시는가? 그것은 우리의 이해력과 이성적 판단을 내려놓고 우리의 문제를 하나님께 온전히 맡기는 것이 그분의 뜻이기 때문이다. 사실 많은 사람들이 하나님과 함께 전진하고 그분의 충만함으로 충만해지려고 애쓸 때 어둠과 무기력의 시간을 경험한다.

당신은 하나님을 믿고 그리스도를 신뢰해야 한다. 마음이 내키든 내키지 않든 간에 당신은 전진하고 믿고 순종해야 한다. 기도하고 싶은 마음이 생기든 생기지 않든 간에 당신은 기도해야 한다. 당신은 잘못된 것들을 바로잡고, 가정이나 직장에서 원만한 관계를 이루어내야 한다. 마음이 내키든 내키지 않든 간에 당신은 당신을 방해하는 잘못된 것들을 제거해야 한다. 이것이 믿음이다. 하나님을 향한 확고한 의지로 행하는 것이 믿음이다. 그럴 때 하나님께서 우리의 어둠과 끝없는 슬픔의 장소를 벧엘로 만들어주실 것이다(창 28:10-22). 그렇다! 그분은 당신을 무덤에서 일으켜 세워 하늘 높이 끌어올리실 것이고 어둠에서 이끌어내어 빛으로 인도하실 것이다.

예수님을 사랑한다는 것이 이런 것이다. 예수님이 좋아서 그분을 안다는 것이 이런 것이다. 믿음의 조상들이 주님의 아름다움을 알았듯이 현대 그리스도인들도 그것을 알게 해달라고 나는 간절히 기도한다.

예수 그리스도 바로 그분!

앨버트 벤저민 심슨 박사는 "예수님, 바로 그분이다!"라고 외쳤다. 이런 그의 외침은 당대의 사람들에게 충격과 복을 안겨주었다.

언젠가 심슨 박사는 영국에서 열리는 사경회에서 설교를 해달라는 부탁을 받고 그곳에 도착했다. 성화(聖化)에 관한 세 편의 설교가 예정된 그곳에서 그는 자기가 세 번째 설교를 담당해야 한다는 사실을 알게 되었다. 그런데 마지막으로 설교한다는 것이 조금 난감한 입장이 되어버렸다. 첫 번째 설교자는 그리스도인으로서 거룩한 승리의 삶을 살려면 옛 사람을 억제해야 한다고 설교했다. 그는 '억제에 의한 성화'를 역설했던 것이다. 두 번째 설교자는 자리에서 일어나더니 근절론(根絶論)을 주장했다. 육신적 옛 생명에서 벗어나려면 옛 사람을 근절해야 한다는 것이었다. 그는 "옛 사람을 제거하십시오. 그를 뿌리부터 뽑아내어 죽이십시오"라고 강조했다.

이런 상황에서 심슨 박사는 그들 사이에 끼어들어야 했다. 그는 "바로 그분!"이라는 짧은 단어를 주제로 삼아 설교를 시작했고, 설교 중에 영적 승리를 얻기 위한 자신의 투쟁과 노력에 대해 이렇게 간증했다.

"나는 승리를 얻었다고 생각했다가 그 후에 그것을 잃어버리는 경험을 자주 반복했습니다. 그러던 중에 하나님께서 허락하신 복된 순간이 찾아왔습니다. 그때 나는 내가 이제까지 잘못된 곳에서 문제의 해결 방법을 찾고 있다는 것을 깨달았습니다. 영적 승리, 성화, 죄에서 건짐 받는 것, 순결함, 거룩함 등이 전부 어떤 방법론에서 발견되는 것이 아니라 예수 그리스도 바로 그분에게서 발견된다는 사실을 깨달았습니다! 바로 그분을 찾았을 때 나는 쉽게 승리를 얻을 수 있었습니다."

이런 복된 깨달음을 얻은 후에 심슨 박사는 "전에는 복을 받으면 된다고 믿었지만 이제는 주님만 계시면 됩니다. 전에는 그분의 선물을 구했지만 이제는 바로 그분을 구합니다"라는 유명한 찬송가를 지었다.

우리는 이 이야기를 통해 그리스도인의 경건한 삶이 무엇인지를 배울 수 있다. 우리 안에서, 우리를 통해 예수 그리스도 바로 그분께 영광을 돌리려는 마음이 중요하다. 우리의 목적을 위해 주님을 이용하기를 거부하고 그분으로 하여금 우리 안에서 하나님의 영광을 위해 일하시도록 하려는 마음이 중요하다.

나는 바로 이런 부흥을 원한다. 오직 이런 부흥만이 우리의 영혼을 새롭게 소생시켜 우리로 하여금 주 예수 그리스도의 임재 가운데 기쁨을 누리도록 할 것이다.

그렇다! 전에는 복을 받으면 된다고 믿었지만 이제는 주님만 계시면 된다!

chapter 08

영혼의 깊고 어두운 밤을
십자가의 빛으로 통과하라

> 사람이 예수님을 십자가에 못 박았다는 사실을 기억하라. 아버지의 얼굴이 어둠 속에 숨겨졌던 것을 기억하라. 그러나 바로 이런 좁은 길을 통해 예수님은 불멸의 승리에 이르셨다. 그러므로 우리도 이 세상에서 예수님처럼 살아야 한다.

영적 미개척지로 나아가라

신약 시대의 기독교에서 성령님이 원하시는 것은 크게 두 가지로 나타난다.

첫째, 성령님은 그리스도인들이 날마다의 삶 속에서 예수 그리스도의 아름다움과 완전함을 맛볼 수 있다는 확신을 그들에게 심어주기를 원하신다.

둘째, 성령님은 여호수아가 이스라엘 민족을 약속의 땅으로 인도했듯이 그들을 승리와 축복의 땅으로 인도하기를 원하신다.

첫 번째는 그리 어렵지 않다. 대부분의 그리스도인들은 자신들 앞에 영적 미개척지(未開拓地)가 있지만 자기들이 그곳으로 들어가기를 원하지 않았다고 솔직히 인정할 것이다. 우리가 그리스도를 알고 그분을 얻고 그분의 부활의 능력을 알고 그분의 죽으심을 본받겠다는 목표를 세운다면 우리가 취해야 할 땅은 아직도 널려 있다. 그리스도 안에서 '원칙적으로' 우리에게 주어진 모든 것을 체험하겠다는 목표를 세웠다면 우리는 그분을 알기 위해 모든 것을 해(害)로 여기는 단계에까지 올라서야 한다(빌 3:8,9).

우리는 우리의 부족함을 잘 알면서도, 성령님이 우리를 그리스도인의 경건한 삶으로 인도하시도록 하는 데에는 매우 느리다. 다시 말해서, 우리는 우리의 의지를 깨끗하게 하여 하나님을 온전히 사랑하고 그분을 제대로 찬양하는 단계에 이르는 데에는 매우 느리다. 그러나 우리가 머뭇거리고 지체하고 뒷걸음질을 칠지라도 하나님은 포기하지 않으신다. 성실하고 온유하고 오래 참으시는 성령님은 우리를 완전한 그리스도인의 삶으로 이끌기 위해 늘 애쓰신다.

하나님이 걸러내는 사람

옛 성도 한 사람의 경고가 기억난다. 그는 이렇게 말했다.

"확신을 얻고 선한 의도를 가진 사람이라 할지라도 성실하고 정확한 행함에서 멀리 떨어져 있을 수 있다. 생각으로만 완전하고 거룩한 사람들이 사방에 깔려 있다."

그런데 예수님은 "너희는 생각으로 내 제자가 될 수 있다"라고 말씀하지 않으셨다. 그분은 누구든지 행실과 열매에 의해 판단 받는다고 말씀하셨다. 이것이야말로 우리를 속이지 않는 원리이다. 바로 이 원리에 의해 우리는 자기 자신을 판단해야 한다.

하나님께서는 오직 생각으로만 예수님의 말씀을 따르는 자들을 걸러 내실 것이다. 그리고 그분은 하나님의 은혜에 의해 하나님의 아름다움을 보고 하나님의 사랑을 구하는 자들을 더욱 가까이 이끄실 것이다.

기드온에 관한 기사(記事)를 통해 우리는 하나님께서 자신의 성품을 닮은 사람들을 찾으시고, 사람의 숫자에 연연하지 않으신다는 교훈을 배울 수 있다.

미디안을 상대로 전투를 치러야 했던 기드온에게는 3만 2천 명의 군사가 있었다. 그러나 주님은 그에게 "네 군사가 너무 많으니 두려워하는 자들을 집으로 돌려보내라"라고 말씀하셨다. 기드온이 하나님의 말씀을 전했을 때 2만 2천 명이 집으로 돌아갔다. 그런 다음 주님은 다시 그에게 "아직도 네 군사가 너무 많다. 우리가 앞으로 행할 일을 감당할 준비가 되어 있지 않은 자들이 보이는구나. 그런 자들은 이스라엘의 군사로서 자격이 없다"라고 말씀하셨다.

추측컨대 이 지구상에서 사역하는 설교자들 중 2만 2천이라는 수의 사람들을 마다할 설교자는 거의 없을 것이다. 그러나 하나님은 그렇게 하셨다. 그분은 숫자보다 자질(資質)을 중요하게 여기셨다. 즉, 하나님께서는 자신의 뜻을 이룰 수 있도록 협력할 수 있는 자들을 찾으셨다.

하나님의 말씀을 들은 기드온은 만 명의 사람들을 강으로 데려가 그분이 지시한 방법에 따라 그들을 시험했다. 그 결과, 그에게는 300명의 군사만 남게 되었다. 오늘날에도 하나님은 하나님의 은혜와 사랑에 따라 살기를 원하는 사람들을 찾으신다. 하나님은 우리에게 복을 주시려는 자신의 계획과 목적을 보지 못하는 자들을 걸러 내신다.

영혼의 깊고 어두운 밤에 기억해야 할 분

당신은 소위 '영혼의 깊고 어두운 밤'이라는 때를 어느 정도 경험한 적이 있을 것이다. 또한 영적 소원과 승리를 향한 깊은 갈망을 느껴 하나님과 함께 전진하려고 노력했지만 오히려 넘어지고 시험을 당하여 낙심한 경험이 있을 것이다. 이럴 때에는 '도대체 이런 식으로 얼마나 오랫동안 견뎌야 하는 것인가?'라는 깊은 탄식이 나올 것이다.

당신이 이런 상태에 있다면 나는 당신에게 불멸의 승리를 향한 우리 주 예수님의 여정(旅程)을 소개하고 싶다.

주께서 땀 흘려 기도하신 동산을 기억하라!

사람들이 관정(官庭)에서 그분께 홍포를 입히고 그분을 때린 것을 기억하라!

그분과 가장 가까운 제자들이 그분을 버리고 도망간 사실을 기억하라!

사람들이 그분을 십자가에 못 박고, 그 끔찍한 여섯 시간 동안 아버지께서 그분께 얼굴을 숨기셨던 것을 기억하라!

골고다 언덕의 어둠과 그분의 영혼이 죽어서 떠나가신 것을 기억하라!

주님은 불멸의 승리와 영원한 영광에 이르기 위해 이런 여정을 통과하셨다. 그러므로 우리 역시 이 세상에서 그분처럼 살아야 한다.

영혼의 밤이 길어지는 이유

그렇다! 누구에게나 영혼의 깊고 어두운 밤이 있다. 이 어두운 밤으로 들어가기를 원하는 그리스도인들이 별로 없기 때문에 빛으로 들어가는 그리스도인들도 별로 없다. 그들은 밤을 견디기를 원하지 않기 때문에 아침을 맛볼 수 없다.

「미지의 구름」의 저자는 이렇게 말한다.

"밤을 통과하여 아침을 맛보려면 많은 시간이 필요할 것이라고 생각하는 사람들이 있지만, 사실은 그렇지 않다. 우리가 상상할 수 있는 그 어떤 일을 이루는 데 필요한 시간보다 더 짧은 시간만 있으면 된다. 사실 더 많은 시간이 필요한 것도 아니고 더 짧은 시간 안에 이루어지는 것도 아니다. 이것은 다만 당신 안에, 즉 당신의 의지(意志) 안에 주어지는 감동에 의해 이루어질 뿐이다."

그런데 문제는 우리 안에서 충분한 감동이 생기지 않는다는 점이다. 우리 안에는 너무나 많은 것들이 있기 때문에 빈자리가 생기지 않는다. 빈자리가 생겨야 성령님이 들어와 편히 거하실 수 있는데 말이다.

하나님과 그분의 방법과 인간과 인간의 본성에 대해 더 많이 알수록 우리는 거룩해진다. 우리는 원하는 만큼 성령충만해질 수 있다. 우리가 자신에게 "나는 더욱 거룩해지기를 원한다"라고 말하면서도 여전히 과거와 같은 수준에 머물러 있다면 영혼의 밤은 더 길어질 수밖에 없다.

많은 사람들이 평안함을 못 느끼고 분주하며 조금도 전진하지 못하는 까닭은 여전히 자기 자신에게 희망을 걸고 있기 때문이다. 우리는 아직도 여러 가지 방법들을 시도해보고, 우리 안에서 일하시는 하나님께 간섭한다.

우리는 자신이 영적으로 성공한 것처럼 보이려고 발버둥 친다. 그러면서 "가장 중요한 것은 너희가 그리스도의 모범을 본받아 온유하고 겸손한 것이다"라는 하나님의 말씀을 망각하고 산다. 그리스도인들은 자기들이 영적으로 성공하고 있는 것처럼 보여야 한다는 강박관념에 사로잡혀 있다. 우리는 "내가 죽어서 내 눈 앞에서 요단강의 파도가 굽이칠 때 나는 천국에 가고 싶습니다"라고 말하면서도 실제로는 영적으로 성공한 것처럼 보이도록 겉치레하는 데 대부분의 시간과 정력을 낭비한다.

우리 가운데 많은 사람들이 하나님을 버린 사울 왕처럼 "오, 하나님! 이제 이 사람들 앞에서 저를 높이소서"라고 그분께 말씀드리는 것 같다.

영적 가난을 숨기지 말라

우리는 우리의 내적 상태를 숨기는 죄를 범한다. 성경은 우리의 내적 상태를 하나님께 솔직히 말씀드리라고 분명히 가르치지만, 우리는 오히려 그것을 숨기려고 한다. 우리가 그것을 숨기면 그분은 그것을 바꾸어주실 수 없다.

우리는 우리의 영적 가난에 가면을 씌운다. 우리의 영혼을 훤히 들여다보시는 전능하신 하나님의 눈에 비친 우리의 내적 상태가 그대로 우리 주변 사람들에게 폭로된다면 우리는 너무 놀라 어쩔 줄 모를 것이다. 만일 이런 일이 일어난다면 우리는 자리에 서 있지도 못하고 풀썩 주저앉을 것이다. 왜냐하면 누더기를 걸친 영혼, 점잖은 겉모습과는 너무나 어울리지 않는 더러운 마음, 오래된 고질적 폐단(弊端) 등이 드러날 것이기 때문이다. 심지어 우리 중 어떤 사람들은 우범 지역에서조차 쫓겨날 정도로 비열한 상태에 있는 것으로 드러날 것이다.

당신은 우리의 영적 가난을 계속 숨길 수 있다고 생각하는가? 우리가 자기 자신을 아는 것만큼 하나님께서 우리를 알지 못하신다고 생각하는가? 가련하게도 우리는 그분께 숨기는 것이 많다. 체면을 유지하기 위해 우리는 자신의 가난한 영혼에 가면을 씌우고 자신의 내적 상태를 숨긴다.

또한 우리는 우리의 권위를 유지하려고 애쓴다. 우리는 우리의 삶에 대한 마지막 열쇠를 예수 그리스도께 넘겨드리는 데 동의하지 않는다.

형제들이여! 우리는 교묘한 통제를 유지하려고 발버둥 친다. 우리는 예수님이 우리 삶을 조종하는 통제실을 운영하시도록 허락해놓고서는 그분이 실패할 경우에 대비하여 통제실의 조종 장치에서 손을 떼지 못하고 있다.

우리는 "하나님께 영광을 돌리세!"라는 찬양에 기꺼이 동참

하면서도 다른 한편으로는 비상하게 머리를 써서 그 영광의 일부를 우리 것으로 챙기려고 애쓴다. 이렇게 끊임없이 자기 유익을 구하는 우리의 모습을 볼 때, 나는 다음과 같이 말하지 않을 수 없다.

"하나님을 위하여 살기를 원하는 사람들도 종종 세상 사람들처럼 산다. 세상 사람들은 공개적이고 노골적으로 하고 우리는 교묘히 하는 것이 차이일 뿐이다."

새로운 것을 발명할 수 있을 만큼 상상력이 풍부한 사람이 아니라 해도 자기의 유익을 구하는 데에는 머리가 기발하게 돌아간다. 사람들은 자기의 유익을 구할 때 나름대로의 구실을 내세우는데, 이런 경우에 놀라운 것은 스스로 이런 구실에 눈이 가려 자기 행동의 추악함을 보지 못한다는 것이다.

그런데 이런 일이 믿음을 고백하는 그리스도인들 사이에서도 번번이 일어난다. 그리스도인들도 하나님의 유익을 구한다는 명분을 내세우며 속으로는 교묘하게 자기의 유익을 추구한다. 이런 이야기는 좋은 이야기가 아니지만 나는 부득이 말하지 않을 수 없다. 더 깊은 영성의 추구, 성경의 예언, 해외 선교, 병 고침 등 이런 것들을 이용하여 자기의 유익을 은밀히 추구하는 사람들이 아주 많다. 그들은 이런 것들을 통해 자기의 유익을 구하면서도 욕심에 눈이 어두워 자기의 추악한 내면을 들여다볼 필요성조차 느끼지 못한다.

그리하여 우리는 더 깊은 영성, 영적 승리 또는 자아를 죽이는 것 등에 대해 많은 말을 하면서도 속으로는 우리 자신을 십자가로부터 구하려고 발버둥을 친다. 우리가 십자가로부터 벗어나려는 부분이 우리의 매우 작은 부분일지라도, 그것이 우리의 영적 문제와 패배의 씨앗이 될 가능성이 매우 높다.

예수 그리스도를 섬긴다고 하면서 정작 하나님의 지극히 높으신 뜻이 이루어지기를 간절히 원하지 않는다면 그런 사람은 십자가에서 죽는 것도 원하지 않을 것이다. 사도 바울은 "나는 저 십자가에서 죽기를 원한다. 나는 그곳에서 죽는 것이 어떤 것인지를 알고 싶다. 왜냐하면 내가 그분과 함께 죽으면 '더 좋은 부활' 중에 그분을 만나게 될 것이기 때문이다"라고 말했다. 그는 단지 "그분이 나를 죽은 자들로부터 부활시키실 것이다"라고 말하지 않았다. 왜냐하면 모든 사람들이 죽은 자들로부터 부활할 것이기 때문이다. 그는 "나는 더 좋은 부활, 즉 그리스도의 부활과 같은 부활을 원한다"라고 말했다.

바울은 그리스도와 함께 십자가에 못 박히기를 원했지만, 오늘날 우리는 한 번에 한 부분씩 죽기를 원한다. 왜냐하면 그렇게 해야 우리의 작은 부분들을 십자가로부터 구해낼 수 있기 때문이다.

당신의 결단

어떤 사람들은 하나님으로 충만해지는 것이 자기들에게 유익할 것이라고 믿기 때문에 하나님께 하나님으로 충만케 해달라고 간구한다. 그러나 막상 하나님께서 그렇게 해주시려고 하면 그들은 완고하게 저항한다. 마치 응석받이 아이처럼 말이다. 응석받이 아이는 몸이 아프면 부모에게 도움을 청하지만 막상 부모가 체온을 재려고 하거나 약을 주려고 하거나 의사를 부르려고 하면 울며 소리친다. 그래서 부모가 행동을 중단하면 다시 "엄마, 아파요!"라며 도움을 청한다. 그리하여 다시 도움을 주려고 하면 그렇게 하지 말라고 다시 저항한다. 고집을 버리지 않는 응석받이 아이들이 이렇다!

사람들은 하나님께 충만케 해달라고 기도한다. 그러나 이렇게 기도하면서도 그들의 마음속에는 모순되는 묘한 심리가 늘 도사리고 있다. 그것은 마음에 감동을 받아 하나님이 그분의 뜻대로 행하시도록 하는 것에 저항하는 심리이다.

이런 이유 때문에 나는 교인들에게 "이제 저를 충만케 하소서"라는 옛 찬송가를 부르라고 청하고 싶은 마음이 생기지 않는다. 내가 볼 때, 이것은 이제까지 만들어진 노래 중 가장 절망적인 노래이다. 암담하고 절망적인 노래이다! 이제까지 나는 "이제 저를 충만케 하소서. 이제 저를 충만케 하소서. 이제 저를 충만케 하소서"라고 찬송하는 중에 충만케 된 사람을 보지 못했다. 이런 찬송을 부른다고 해서 충만케 되는 것이 아니다. 만일 당신이 하나님께 저항한다면, 애처롭게 이 찬송가의 네 절을 다 부르고 마지막 절을 반복하여 부른다 할지라도 그분은 당신을 충만케 하시지 않을 것이다. 당신이 십자가로부터 건지고 있는 당신의 그 부분에 대해 결단을 내릴 때까지 하나님은 기다리실 것이다.

십자가에서 죽은 그리스도인만이 승리한다

늘 이런 모순된 심리를 안고 살아가는 그리스도인은 행복할 수 없다. 이렇게 한 부분 한 부분씩 십자가에 못 박느라고 늘 십자가에 달려 있는 그리스도인은 그런 과정에서 행복할 수 없다. 그러나 영원히 단번에 그리스도와 함께 십자가에 못 박히고 자기의 영혼을 하나님께 맡기고 모든 것을 내려놓고 더 이상 자신을 변호하지 않는 그리스도인, 한마디로 말해서 십자가에서 죽은 그리스도인이 부활에 동참할 수 있다.

그리스도와 함께 이런 승리의 길을 가겠다는 의지가 우리에게 있다면, 우리는 산꼭대기를 향해 가다가 중간쯤에서 멈춘 평범한 그리스도인의 삶을 더 이상 살지 않을 것이다. 자신의 유익을 구하는 마음을 버리지 않는다면, 하나님의 지극히 높으신 뜻을 찾겠다는 감동이 우리 속에 충만해질 수 없을 것이다.

그렇다면 승리의 삶에 도달하는 데 왜 그토록 오랜 시간이 걸리는가? 마땅히 우리가 마음을 깨끗케 하여 그분을 늘 사랑하고 제대로 섬기고 성령으로 충만하여 승리의 삶을 살아야 함에도 불구하고 그렇게 하지 못하는 것은 누구의 잘못 때문인가?

물론 하나님의 잘못이 아니라 우리의 잘못 때문이다. 당신이 이제까지 내 이야기를 듣고 이 점을 충분히 이해했다면 나로서도 무척 기쁘겠다.

「미지의 구름」의 저자의 말을 다시 들어보자.

"밤을 통과하여 아침을 맛보려면 많은 시간이 필요할 것이라고 생각하는 사람들이 있지만, 사실은 그렇지 않다. 우리가 상상할 수 있는 그 어떤 일을 이루는 데 필요한 시간보다 더 짧은 시간만 있으면 된다. 이것은 다만 당신 안에, 즉 당신의 의지(意志) 안에 주어지는 감동에 의해 이루어질 뿐이다."

당신은 이런 일이 일어나기 위해서는 많은 시간이 필요하다고 믿는가? 만일 그렇게 믿는다면 당신은 잘못 생각하고 있는 것이다. 이것은 가장 짧은 시간 안에 인간에게 일어날 수 있는 일이다. 당신이 마음먹기에 따라 짧아질 수도 있고 길어질 수도 있다.

집착은 하나님과 우리 사이를 가로막는다

우리는 무언가에 자꾸 집착한다. 그것은 우리가 소중히 여기는 것이지만, 사실 우리와 주님 사이를 가로막는다.

우리 중에는 젊은 부부들이 있다. 그들 부부 사이에서 태어난 갓난아이는 그들에게 이 세상에서 가장 소중한 보물일 것이다. 그런데 주께서 세미한 음성으로 그들에게 이렇게 말씀하셨을지도 모른다.

"너희가 그 어린 생명을 내게 다시 맡기겠느냐? 그 생명에 대한 통제권에서 손을 떼고 그 통제권을 성령님께 넘기겠느냐?"

하나님께서는 우리 자신과 우리의 자녀에 대한 그분의 지극히 높으신 뜻을 우리에게 관철시키기를 원하신다.

여러 해 전에 나의 첫째 아들과 둘째 아들이 어렸을 때 나는 설교를 하기 위해 집을 떠나 있었다. 그때 하나님께서는 내가 그들에 대한 집착을 버리기를 원하셨다. 그분은 그들을 자신에게 넘기겠느냐고 물으셨다. 나는 그분이 그들을 데려가기를 원하신다고 생각했다. 나는 침대 옆의 바닥에 엎드려 그분께 부르짖었다. 그리고 결국 내 두 아이를 그분께 드렸다.

그 후 그들과 또 나머지 아이들을 양육하면서 나는 하나님께서 그들을 데려가기를 원하신 것이 아니라는 것을 알게 되었다. 다만 그분은 내가 내 자녀와 이 세상의 물질을 우상처럼 섬기지 않고 그분께 드리는 단계에까지 나를 끌어올리기를 원하셨던 것이다!

하나님은 이렇게 우리로 하여금 시련의 때를 통과하게 하시는데, 그것은 우리가 이 세상에 사는 동안 하나님께 모든 것을 내어드리도록 하기 위함이다.

하나님께서는 내게 자녀를 주실 때마다 내가 이렇게 그들에 대하여 죽도록 시험하셨다. 그분이 내게 딸을 주셨을 때 나와 아내는 아침예배 때에 그 아이를 그분께 바쳤지만, 그것은 아무것도 아니었다. 사실 내가 그 아이를 그분께 드리기 위해서는 오랜 세월 아주 힘든 과정을 통과해야 했다. 결국 나는 그분께 "하나님, 이 아이를 드립니다"라고 말씀드렸다. 물론 나는 그분이 그 아이를 죽게 하시지 않을 것임을 알았다. 왜냐하면 내 첫째 아들과 둘째 아들의 경우를 통해 여러 해 전에 이미 교훈을 얻었기 때문이다.

그런데 분명한 것은 이것이다. 즉, 그분이 무엇을 원하시는지 내가 알지 못했다는 것이다. 이런 상황에서 포기하고 바치겠다는 결단을 내리는 것은 정말 힘든 일이었다.

훗날 교회에서 간증하면서 나는 "나와 내 아내가 이 세상에서 가장 소중히 여기는 존재는 우리의 어린 딸입니다. 하지만 하나님께서 원하실 때에는 언제라도 그 아이를 취하실 수 있습니다"라고 말했다.

예배 후에 누군가 내게 와서 물었다.

"토저 목사님, 목사님의 어린 딸에 대해 그렇게 말하는 것이 두렵지 않으세요?"

나는 그에게 이렇게 대답했다.

"두렵냐고요? 나는 그 아이를 완전한 사랑의 손에 맡겼습니다. 사랑은 누구에게도 고통이나 상처를 줄 수 없습니다. 나는 그 아이가 예수 그리스도의 생명 안에 안전하게 숨겨져 있는 것이 정말 만족스럽습니다. 그분의 이름은 사랑이며, 그분의 손은 강하며, 그분의 얼굴은 태양처럼 빛납니다. 그분의 마음은 하나님의 따스한 마음을 닮아 긍휼과 인자로 가득합니다."

당신의 보물을 과감히 버려라

우리 그리스도인들은 이렇게 시험과 시련의 때를 통과하는데, 그것은 우리 주께서 우리를 사로잡고 있는 이 세상의 보물들을 처리하기를 원하시기 때문이다.

어떤 사람들은 가장 좋아하는 남자 친구나 여자 친구를 하나님의 지극히 높으신 뜻에 맡겨드려야 하는 시험을 받을 수도 있다. 자신의 직업이나 물질적 안정에 최고의 가치를 부여하는 사람들은 그것들을 포기해야 하는 시험을 받을 수도 있다. 어떤 사람들의 경우, 은밀한 야망에 사로잡혀 있기 때문에 그것이 그들과 하나님 사이에 쐐기처럼 박혀 있을 수 있다. 미래에 쓰기 위해 은행에 돈을 쌓아 놓아 예금 잔고의 노예가 된 사람들에게 하나님께서는 그 소유권을 자신에게 넘기라고 요구하실 수 있다. 또한 그분은 온전히 성령님의 인도를 신뢰해야 한다는 것을 알면서도 자기 것을 내려놓지 못하는 사람들을 시험의 골짜기로 이끄실 수 있다.

당신은 유명한 책 「돈키호테」에 나오는 코믹한 인물 산초 판자(Sancho Panza)를 기억하는가? 산초 판자는 창턱에 매달려 온밤을 지새우게 되는데, 만일 손을 놓으면 땅에 떨어져 죽을 것이라고 생각했기 때문이다. 그러다가 아침이 되어 햇살이 비치기 시작했다. 그때 얼굴이 벌겋게 달아오르고 기진맥진해진 산초 판자는 자기의 두 발과 잔디 사이의 간격이 불과 5센티미터밖에 안 된다는 사실을 알게 된다. 그는 두려움 때문에 밤새도록 손을 놓지 못했지만, 사실 전혀 위험하지 않았던 것이다!

내가 이 비유를 사용하는 것은 신앙을 고백하면서도 손가락 관절에 핏기를 잃을 때까지 자신의 창틀에 맹목적으로 매달려 있는 그리스도인들이 많기 때문이다. 주님은 "나를 바라보고 손을 놓아라"라고 말씀하시지만, 그들은 그분의 말씀에 따르지 않는다.

바울은 우리가 "앞에 있는 것을 잡으려고"(빌 3:13) 좇아가야 한다고 가르치지만, 많은 사람들은 그렇게 하기를 두려워한다. 그러나 하나님께서 자신의 뜻을 이루시도록 허락하는 사람들은 복이 있다. 다시 말해서, "푯대를 향하여 그리스도 예수 안에서 하나님이 위에서 부르신 부름의 상을 위하여 좇아가는"(빌 3:14) 사람들은 복이 있다.

하나님 편에 서서 세상을 제압하는
영광된 삶을 살라

I Talk Back *to the* Devil

PART 3

하나님의 약속을 믿고 하나님의 뜻에 따르라. 그러면 속박 상태에서 벗어나 놀라운 자유를 누리게 될 것이다. 하나님의 말씀에서 새로운 기쁨과 확신을 발견하게 될 것이다. 전에는 알지 못하던 광채와 조명과 향기를 맛보게 될 것이다. 이렇게 되는 데에 가장 필요한 것은 하나님의 약속을 받아들이려는 의지이다. 믿음으로 행동하라.

chapter 09

내 자아를 머리끝부터
발끝까지 십자가에 못 박으라

> 종종 하나님은 성령님의 종으로 사는 사람들로 하여금 육체적 연약함에 시달리도록 하신다. 왜냐하면 정신적 십자가와 육체적 십자가가 합해지면 그것이 최상의 효과를 발휘하여 우리를 머리끝부터 발끝까지 못 박을 수 있기 때문이다.

이 시대의 종교개혁

현재 모든 교회에 시급히 요청되는 것은 새로운 종교개혁이다. 하나님의 뜻을 받아들일 뿐만 아니라 그것을 적극적으로 추구하고 그것에 매료되는 종교개혁이 필요하다는 말이다.

과거에 하나님의 뜻을 찾았던 그리스도인들이 성경을 교회에게 돌려주는 종교개혁을 추구했는데, 그들은 목적을 성취했다.

그 후 교회에게는 또 다른 종교개혁이 필요했는데, 이것은 사람들이 죄 사함을 얻고 회심하여 변화될 수 있다는 것을 보여준 종교개혁으로서 웨슬리 형제들의 주도로 일어났다.

그런데 이제는 우리에게 또 다른 종교개혁이 요청된다. 이것의 본질을 가장 잘 표현할 수 있는 말은 '영적 완전함'이라고 할 수 있다. 영적 완전함을 가장 쉽게 설명한다면, 그것은 바로 하나님의 뜻을 행하는 것이다. 그 이상도, 그 이하도 아니다! 이런 종교개혁이 일어난다면 우리 모두의 부족함이 드러날 수밖에 없다. 우리 자신이 볼 때 우리의 교리가 아무리 건전하고 우리의 명성이 아무리 하늘을 찌를 듯 하다 할지라도 우리의 부족함이 드러날 수밖에 없다는 말이다!

하나님의 뜻이 우리의 삶 속에서 온전히 실현될 때 주어지는 적극적이고 진정한 변화가 일어나면 정말 좋겠다! 이런 변화가 일어나면 성경적이지 않은 모든 것이 없어지고, 그리스도를 닮지 않은 모든 것이 사라지고, 신약의 교훈에 따르지 않는 모든 것이 거부될 것이다.

이런 변화가 일어나면 이런 모든 일들이 이루어질 것이다. 왜냐하면 그리스도인들이 구주를 바라보며 그분이 일하시게 할 것이며 각자가 "오, 십자가! 오, 감사한 십자가! 내 품으로 오라!"라고 고백하며 기쁘게 자기 십자가를 질 것이기 때문이다.

그리스도인들이 하나님의 뜻에 반응하는 형태는 두 가지인데, 하나는 소극적인 형태이고 또 하나는 적극적인 형태이다. 소극적인 형태는 그분의 행하심을 순순히 받아들이는 것이다. 오늘날 하나님의 뜻에 대해 언급할 때 우리는 거의 예외 없이 이런 소극적인 의미에서 그분의 뜻을 말한다.

이 소극적인 형태가 신약에 나타나는데, 그것은 하나님께서 마리아에게 나타나셨을 때의 일이다. 하나님께서 자신의 뜻을 이루겠다고 말씀하셨을 때 그녀는 "말씀대로 내게 이루어지이다"(눅 1:38)라고 말했다. 하나님께서 큰 기적을 이루겠다고 약속하셨을 때 그녀는 그것을 하나님의 뜻으로 받아들였다.

하나님의 뜻에 우리가 반응하는 또 다른 형태는 적극적인 형태이다. 사실 이것에 대해서 우리는 별로 생각하지 않는다. 당신은 그분의 계명을 자발적이고 능동적으로 준수하는가? 즉, 당신의 모든 삶을 신약의 교훈에 일치시키기 위해 하나님이 지시하시는 대로 당신의 삶에 적극적인 변화를 이루어내는가?

하나님의 뜻에 대한 이런 적극적인 반응이 곧 교회의 종교개혁이다. 이런 종교개혁은 틀림없이 부흥을 일으킬 것이다.

많은 사람들은 교회의 본당에 앉아 "주님의 뜻을 이루소서"라고 찬송하는 것으로 만족한다. 그들은 "나는 하나님께서 행하기 원하시는 것이라면 무엇이든지 받아들이겠습니다"라는 식으로 하나님의 뜻을 해석한다. 요컨대 그들은 수동적으로 따르는 것이다.

다시 말해서, 그들은 하나님의 음성을 듣고 그분의 명령에 복종하고 그분의 뜻대로 행하기를 적극적으로 원하지는 않는다.

그러나 만일 그렇게 한다면 그들은 하나님의 뜻을 능동적으로 받아들이고, 그분의 뜻에 적극적으로 참여하고, 자신의 삶을 신약의 교훈에 일치시키며 살게 될 것이다.

자기 십자가

어떤 사람들은 성경을 읽으면서도 엘리야 같은 사람들이 어떻게 해서 하나님의 큰 능력을 그토록 확실하게 보여주었는지를 깨닫지 못한다. 하지만 그 대답은 아주 간단하다. 엘리야가 하나님의 말씀을 들었기 때문에 하나님께서 그의 말을 들으셨던 것이다! 엘리야가 하나님의 말씀에 따라 행하였기 때문에 하나님이 그의 말에 따라 행하신 것이다! 이 두 가지는 분리될 수 없다.

우리가 하나님의 뜻을 적극적으로 우리의 삶에 받아들인다면 즉시 십자가를 이해하게 될 것이다. 왜냐하면 하나님의 뜻은 고통스럽지만 열매 맺는 복된 고난을 통해 이루어지기 때문이다.

바울은 일찍이 이것을 깨달았다. 그리고 이것을 가리켜 '그리스도의 고난에 참여하는 것'(벧전 4:13)이라고 말했다. 우리에게서 영적 능력이 거의 나타나지 않는 까닭은 우리가 그리스도의 고난에 참여하기를 꺼리기 때문이다. 즉, 그분의 십자가를 받아들이려 하지 않기 때문이다.

주 예수님이 모범을 보이기 위해 이미 가신 그 길을 우리가 받아들이지 않는다면 어떻게 그분과 친밀하고 복된 교제를 나눌 수 있겠는가? 하나님의 뜻을 십자가와 연결시키지 않기 때문에 우리는 그분과 복된 교제를 나눌 수 없는 것이다.

위대한 성도들은 모두 자기 십자가를 잘 알았다. 심지어 그리스도께서 오시기 전에 살았던 성도들도 그랬다. 본질적으로 그들이 자기 십자가를 잘 알았던 까닭은 순종이 곧 십자가를 의미하기 때문이다.

온전히 순종하는 삶을 사는 그리스도인들은 십자가를 체험하게 되고, 아주 빈번히 영적으로 훈련 받게 된다. 만일 그들이 자신의 마음을 살핀다면 십자가가 찾아올 때 그것과 기꺼이 씨름할 것이다.

구약의 야곱을 생각해보라. 그의 십자가가 어디로부터 왔는가? 그것은 그의 육신적 자아(自我)로부터 직접적으로 찾아왔다. 얼마의 시간이 흐른 뒤에야 비로소 그는 자기 마음의 본질을 깨닫고 자기 자신이 자기의 십자가라는 것을 인정하고 고백했다.

다니엘의 경우를 잘 살펴보면 당신은 그의 십자가가 세상이었다는 것을 알게 될 것이다. 욥의 경우를 연구하면 사탄이 그의 십자가였다는 것을 알게 될 것이다. 사탄은 욥을 십자가에 못 박았고, 세상은 다니엘을 십자가에 못 박았다. 야곱은 '야곱다움'(Jacobness)이라는 십자가, 즉 자신의 육신이라는 십자가에 못 박혔다.

신약의 사도들을 연구해보면, 당시의 종교 세력이 그들의 십자가라는 것을 알게 될 것이다.

교회의 역사를 살펴보자. 나무 십자가를 그토록 많이 만들어 내는 로마 가톨릭교회가 루터의 십자가였다. 웨슬리의 십자가는 개신교로부터 왔다. 하나님의 뜻을 따랐던 위대한 신앙인들을 떠올려보라. 그들은 모두 믿음으로 전진했다. 하나님께 순종했기 때문에 예외 없이 그들은 고통스럽지만 복되고 열매 맺는 고난에 동참했다.

우리가 예수님을 따를 때 편하게 산비탈에 올라가 죽을 수 있다고 생각하는 사람들이 있는데, 그들의 생각은 틀렸다. 예수님이 이 땅에 계실 때, 일하기 싫은 사람들이 일에서 도피할 수 있는 가장 편하고 저급한 방법은 그분을 따라다니는 것이었다. 다시 말해서, 누구라도 "나는 예수님을 따라갈 것이다"라는 핑계를 대고 일을 그만두면 되었다. 사실 당시 수많은 사람들이 그렇게 했다. 그들은 몸으로는 주님을 따랐지만, 영적으로 주님을 이해하지 못했다. 그러므로 당시 십자가를 해결할 수 있는 가장 쉽고 저급한 방법은 십자가를 몸으로 지는 것이었다.

그러나 형제들이여! 자기 십자가를 진다는 것이 몸으로 예수님을 따라서 먼지투성이의 길을 가는 것을 의미하지는 않는다. 안타깝게도 우리는 두 개의 십자가가 이미 세워져 있는 언덕에 올라 그 사이에 못 박히려고 하지 않는다.

하나님의 뜻에 순종하기 위해서 우리 각자가 감수해야 할 고통이나 고난이나 어려움이 바로 자기 십자가이다. 우리는 하나님의 참된 성도들이 남긴 모범을 통해 다음과 같은 교훈을 배울 수 있다.

"자기 십자가가 무엇인지 알 수 있는 가장 빠른 방법은 주께 전심으로 순종하는 것이다."

예수와 연합하다

그리스도와 하나가 된다는 것은 그분과 함께 십자가에 못 박히는 것을 의미한다. 그런데 그것은 그분과 함께 부활하는 것도 의미한다. 왜냐하면 십자가 다음에는 부활이 있고 또 하나님 임재의 나타나심이 있기 때문이다.

나는 오직 '죽음, 죽음, 죽음'의 메시지만을 전하는 일부 설교자들의 실수를 반복하고 싶지 않다. 그들이 죽음의 메시지를 너무 많이 전하기 때문에 그들의 설교를 듣는 사람들은 죽음을 넘어 부활의 생명과 승리로 나아가지 못한다.

이와 관련해서 내가 겪었던 일 한 가지를 이야기하고 싶다. 젊은 시절 나는 성령충만을 받고 영적으로 잘 성장하고 있었다. 그러던 중 십자가에 대한 책을 읽게 되었다. 그 책의 저자는 그 책의 첫 장(章)에서 독자를 십자가에 올려놓았다. 그런데 그 책의 마지막 장(章)에서도 독자는 여전히 십자가에 매달려 있어야 할 뿐이었다! 처음부터 끝까지 우울할 따름이었다. 그 후 나는 오직 죽음만을 이야기하는 그 책의 부정적인 영향을 떨쳐내느라고 무척 애를 썼다. 그러던 중 앨버트 벤저민 심슨 박사가 탁월하게 해석해 준 십자가와 자아에 대한 죽음의 의미를 알고는 매우 큰 도움을 받았다. 그는 십자가의 의미를 설명해주었을 뿐만 아니라 한 걸음 더 나아가 십자가 다음에는 부활의 생명과 승리, 부활의 주님과의 연합 그리고 그분의 사랑의 임재가 있다고 가르쳤다.

이미 인용한 바 있는 「미지의 구름」의 저자는 "하나님은 우리 각 사람에게 십자가를 만들어주는 데 매우 능하신 분이다"라고 선언했다.

이 점을 깊이 생각할 때 우리는 "나는 믿음으로 그리스도와 함께 십자가에 못 박혔다"라고 고백하는 그리스도인들은 십자가에 대해 이야기하는 것이 아니라 단지 신학적 표현을 앵무새처럼 반복하는 것이라고 지적하지 않을 수 없다.

분명히 기억하라! 하나님은 자신의 자녀들이 십자가를 알기를 원하신다. 우리가 주 예수님과 하나가 될 때에 비로소 영적 유익을 얻을 수 있다는 것을 그분은 잘 아신다. 그렇기 때문에 그분은 우리 각 사람에게 십자가를 만들어주신다.

「미지의 구름」의 저자의 말을 계속 들어보자.

"하나님은 무거운 쇠나 납으로 십자가를 만들어주실 때도 있고, 가벼운 짚으로 십자가를 만들어주실 때도 있다. 그런데 짚으로 된 십자가를 지는 사람도 쇠나 납으로 된 십자가를 지는 것만큼 힘들어한다. 다른 사람들이 그의 십자가를 가리켜 아주 가볍게 보인다고 말할지라도 그것은 그를 완전히 못 박을 수 있을 만큼 강력하다. 또한 하나님은 금이나 보석으로 십자가를 만들어주실 수도 있다. 구경꾼들은 그것을 보고 눈부시다고 할 것이고, 뭇사람들은 부러워할 것이다. 그러나 이런 눈부신 십자가도 멸시받는 십자가만큼 철저히 우리를 못 박을 수 있다."

높은 지위나 많은 물질이나 큰 영향력을 얻게 된 그리스도인들이 있는데, 이런 사람들은 뭇사람이 부러워하는 눈부신 십자가가 어떤 것인지를 어느 정도 알 것이다. 그런데 그들이 이런 십자가를 진다면 그것은 다른 십자가들 못지않게 그들을 십자가에 못 박을 것이다.

하나님께서는 우리가 가장 애지중지(愛之重之)하는 것들로 십자가를 만들어주신다. 왜냐하면 그것들을 통해 우리가 영원한 것들의 가치를 깨달을 수 있기 때문이다. 또한 종종 하나님은 성령님의 종으로 사는 사람들로 하여금 육체적 연약함에 시달리도록 하신다. 왜냐하면 옛 성도가 지적했듯이 정신적 십자가와 육체적 십자가가 합해지면 그것이 최상의 효과를 발휘하여 우리를 머리끝부터 발끝까지 못 박을 수 있기 때문이다.

옛 성도의 이 글을 읽고 예수 그리스도께서 머리끝부터 발끝까지 못 박히셨다는 것을 새롭게 깨달았을 때 나는 매우 큰 충격을 받았다. 사람들이 예수님을 십자가에 못 박았을 때 그분의 몸의 모든 부분이 못 박힌 것이었다. 예수님의 거룩한 본성의 모든 부분이 십자가의 고통을 끝까지 느꼈던 것이다!

하나님의 자녀는 십자가가 가져다주는 모든 것을 다 받아들일 준비가 되어 있어야 한다. 그렇지 않으면 시험을 통과할 수 없다. 하나님께서는 세상 사람들이 열광하고 칭찬하는 모든 것들에 대해 자신의 자녀들이 올바른 시각(視覺)을 갖고 그것들에 대한 욕심을 버리기를 원하신다. 하나님께서 자신의 아들을 십자가에서 그리하셨던 것처럼 우리를 가차 없이 다루시는 까닭은 우리를 무한히 끌어올리기를 원하시기 때문이다.

무자비한 자비

사도 바울은 예수 그리스도의 인격과 지상(地上) 사역에 대한 하나님의 뜻을 정확하게 깨달았기 때문에 다음과 같은 놀라운 글을 남겼다.

"너희 안에 이 마음을 품으라 곧 그리스도 예수의 마음이니 그는 근본 하나님의 본체시나 하나님과 동등됨을 취할 것으로 여기지 아니하시고 오히려 자기를 비어 종의 형체를 가져 사람들과 같이 되었고 사람의 모양으로 나타나셨으매 자기를 낮추시고 죽기까지 복종하셨으니 곧 십자가에 죽으심이라"(빌 2:5-8).

그런데 이 글 다음에 등장하는 "이러므로"(therefore)라는 표현에 주목하라.

"이러므로 하나님이 그를 지극히 높여 모든 이름 위에 뛰어난 이름을 주사 하늘에 있는 자들과 땅에 있는 자들과 땅 아래 있는 자들로 모든 무릎을 예수의 이름에 꿇게 하시고 모든 입으로 예수 그리스도를 주라 시인하여 하나님 아버지께 영광을 돌리게 하셨느니라"(빌 2:9-11).

그러므로 하나님께서는 무한히 끌어올리기를 원하시는 사람들을 가차 없이 십자가에 못 박으신다. 따라서 우리는 우리의 자산(資産)이라고 생각하는 자신의 인간적인 능력과 재능과 업적에 대한 모든 통제권을 하나님께 넘겨드려야 한다. 하나님은 인간의 능력이라는 가면을 쓰고 우리를 현혹하는 모든 것들을 철저히 깨뜨리기를 기뻐하신다. 왜냐하면 실상 그것들은 능력이 아니라 약점이기 때문이다. 우리의 지적(知的) 능력, 고상한 성품, 온갖 재능 등은 하나님께로부터 왔다는 측면에서 보면 선한 것이다. 그러나 이런 것들은 오히려 우리를 약하게 만드는 것이 될 수도 있다.

하나님께서는 우리가 머리끝에서 발끝까지 십자가에 못 박히고 우리의 능력을 어리석고 무익한 것으로 여기기를 원하신다. 왜냐하면 하나님께서는 우리를 무한히 끌어올려 우리를 통해 자신의 영광을 드러내고 우리에게 영원한 유익을 주기를 원하시기 때문이다.

만유의 주께서 그토록 영광스럽고 유익한 상태로 우리를 끌어올리기를 원하시는 것이 얼마나 은혜로운 일인지를 깨달아라! 하나님이 하나님의 뜻을 행하는 모든 피조물과 천사들에게 우리에 대해 이렇게 말씀하신다는 것을 알아라!

"내 자녀인 이 사람을 어떤 한계 안에 묶어두는 일은 결코 없다. 그가 가질 수 있는 것에는 한도 없고 끝도 없다. 나는 그를 어디까지라도 데려갈 수 있다. 한계가 있을 것이라고 상상하지 말라. 나는 그를 무한히 끌어올릴 것이다. 왜냐하면 나는 그를 가차 없이 십자가에 못 박았기 때문이다."

자식을 길러본 부모라면 자식을 가차 없이 징계하면서도 동시에 사랑과 긍휼로 훈련하고 이끌어주는 것이 어떤 것인지를 잘 알 것이다. 당신의 자녀가 인간성과 성품과 시민 정신에서 최고로 모범적인 사람이 되기를 원한다면 당신은 어떻게 하겠는가? 당신은 그를 위해 기도할 것이고, 당신의 심장에서 피를 뽑아서 줄 정도로 그를 사랑할 것이다. 하지만 거기서 끝나지 않는다. 필요에 따라서는 가차 없이 징계의 채찍을 휘두를 것이다. 그를 무자비하게 징계하는 것이 사실 자비이다!

이런 양면성이 혼란스러운가? 그러나 명심하라. 우리가 하나님의 자녀이기 때문에 그분은 우리에게 바로 이렇게 하기를 원하신다! 하나님께서는 우리를 자신이 원하시는 성숙한 신자와 제자로 만들기 위해 우리에게 십자가의 징계를 내리시는데, 이것이 우리를 향한 하나님 아버지의 사랑이요 긍휼이다!

어두운 밤을 통과해야 밝은 아침을 맞을 수 있다

하나님께서는 모든 선입견과 육신적 욕망에서 기꺼이 벗어나기를 원하는 그리스도인들을 이 시대에 길러 내기를 원하신다. 하나님은 자신을 온전히 하나님의 처분에 맡기는 사람들을 원하신다.

쇠, 납, 짚, 금 또는 그 무엇으로 만든 십자가라도 그것을 기쁘게 지기를 원하는 사람들을 찾으신다. 하나님께서 이 땅에서 필요로 하시는 그런 충성스러운 신자가 되기를 갈망하는 사람들을 찾으신다.

여기서 문제의 관건은 하나님이 우리를 통해 드러내기를 원하시는 십자가를 기꺼이 지겠다는 마음이 우리에게 있느냐 하는 것이다.

우리는 종종 이렇게 노래한다.

"저의 감긴 두 눈 앞에 주님의 십자가를 갖다 대소서. 어둠을 뚫고 비추시고, 저의 눈을 하늘로 향하게 하소서."

기독교의 일각에서 십자가를 완전히 오해하고 있는 것은 정말 슬픈 일이다. 속죄(贖罪), 칭의(稱義), 깨끗케 됨 그리고 죄 사함에 대한 복음적인 이해와 확신에 도달하지 못한 불쌍한 영혼들을 생각해보라.

죽음의 문턱에 이르렀을 때 그들이 기껏 할 수 있는 일은 공장에서 만든 십자가를 가슴에 가져다 대는 것뿐이다. 쇳조각에 칠을 하거나 나무조각을 파내어 만든 십자가를 부여잡고 거기서 신비한 힘이 흘러나와 무사히 강(江)을 건널 수 있게 도와주기만을 바랄 뿐이다.

이런 십자가는 아무 도움이 안 된다! 우리에게 필요한 십자가는 하나님의 뜻에 따라 우리에게 찾아오는 십자가이다. 이것은 언덕이나 교회 위에 세워진 십자가가 아니다. 목걸이에 달랑달랑 매달린 십자가도 아니다. 이것은 하나님의 뜻에 순종하는 십자가이다. 그리스도인들은 각자 자신을 위해 이 십자가를 져야 한다.

슬프게도 그리스도를 위해 고난을 받겠다는 의지가 교회에서 사라졌다. 우리는 십자가에 못 박히는 금요일을 거치지 않고 곧바로 부활 주일로 직행하기를 원한다. 우리는 구세주께서 부활하여 형제들 가운데서 노래를 부르시기 전에 먼저 십자가에서 고개를 숙이고 형제들 가운데서 고난을 당하셨다는 사실을 망각하고 있다.

이런 망각의 늪에 너무나 깊이 빠져 있기 때문에 우리는 새벽 햇살이 눈부시게 비추기 전에 어두운 밤을 통과하지 않으면 안 된다. 부활의 생명을 맛보기 전에 자아의 지배를 끝장내는 죽음이 선행(先行)되어야 한다.

"어떤 대가를 치르더라도 주님을 따르겠다. 어떤 십자가라도 달게 지겠다"라고 결심하는 것은 쉬운 일이 아니다. 그러나 그런 결심에 도달한 사람은 복이 있다.

사실 몇 년 전에 나는 기도문을 하나 작성했는데, 그 후 늘 이 기도문을 이용하여 기도해오고 있다.

오, 하나님!
잘못된 삶을 살게 하지 마시고 올바로 죽게 하소서.

주님!
마음이 완고해져 또 하나의 평범한 그리스도인으로
전락하는 일이 없게 하소서.

오, 주님!
낮은 수준에서 가련하고 무익한 삶을 살 바에는
죽기를 각오하고 높은 곳에 올라가겠나이다.

흔히 우리는 부흥이 일어나기를 바란다고 말한다. 그렇다면 부흥은 언제 일어나는가? 우리가 그것을 간절히 원하고 대가를 지불할 때 일어난다!

당신은 마음을 살피며 성령 안에서 해산(解産)의 고통을 겪어 본 적이 있는가? 그리스도를 위해 복된 고난과 고통을 맛본 적이 있는가? 이런 결단과 헌신이 없다면 당신이 죽는 날까지 부흥을 위해 기도한다 할지라도 부흥은 일어나지 않을 것이다. 이런 결단과 헌신이 없다면 부흥을 위한 철야기도회에 참석한다 할지라도 남는 것은 수면 부족과 약간의 신체 리듬의 변화일 것이다.

용기를 내어 이렇게 기도하라.

"오, 하나님! 저를 머리끝부터 발끝까지 십자가에 못 박으소서. 저는 인생의 영광을 완전히 먼지 속에 파묻습니다."

우리에게는 바로 이런 종교개혁이 일어나야 한다.

chapter **10**

자아의 진흙 구덩이에서
빠져나와 그리스도를 붙들라

> 우리는 성령님의 도우심에 의해 자아의 진흙 구덩이에서 빠져나와야 한다. 그렇게 될 때 우리는 우리가 대단한 존재라는 생각을 버릴 것이고, 결국에는 우리 자신에게서 건짐 받아 오직 하나님만을 찾게 될 것이다.

성령님은 우리의 마음을 채워주신다

이 땅에서 살아가는 하나님의 양떼인 그리스도인들이 그분을 알고 그분과 교제할 때 인간의 능력과 노력이 어떤 가치를 지닐까? 오늘날 이 문제에 대해 기독교 안에서 큰 오해가 있는 것은 심히 유감스러운 일이다.

당신은 당신의 사고(思考)의 능력을 사용하여 하나님께 도달할 수 있다는 기대감 속에서 하나님을 갈망하는가? 만일 그렇다면 큰 착각에 빠져 있는 것이다. 하나님을 향한 갈망은 인간의 노력으로는 충족될 수 없는 굶주림이다. 우리의 지혜와 상상력을 다 동원한다 할지라도 이 굶주림이 해결될 수는 없다.

왜냐하면 여기에는 미지(未知)의 요소가 있기 때문이다. 다시 말해서, 신성(神性)의 깊은 심연(深淵)이 있기 때문이다. 그러므로 우리의 능력으로 이 심연을 건널 수 없는 것은 자명한 이치이다!

그렇기 때문에 나는 일부 복음주의자들이 기독교를 모든 학문이나 철학이나 과학과 동일시하려는 것에 대해 우려하지 않을 수 없다. 만일 그들이 이런 잘못된 방법을 계속 밀고 나간다면 결국 신학적 자유주의에 빠질 것이고, 하나님은 그들을 향해 불쾌한 표정을 지으실 것이다.

그들 중 많은 사람들은 하나님의 영(靈)이 인간의 '머리'를 채워주겠다고 약속하지 않으셨다는 사실을 망각하고 있는 것 같다.

분명히 알라! 그분은 인간의 '마음', 즉 인간의 가장 깊은 속을 채워주겠다고 약속하셨다. 그리스도인들의 머리에 쌓인 지식에 의해서가 아니라 그들을 통해 흘러나오는 하나님의 따스하고 절박한 사랑과 긍휼에 의해 그리스도의 교회가 일하고 섬기고 번성한다고 성경은 분명히 가르친다.

물론 우리가 인간의 지성(知性)을 무조건 거부해서는 안 된다. 때로는 그것의 도움을 받을 수도 있다. 이 세상과 세상의 모든 아름답고 기이한 것들을 충분히 알 수 있도록 창조된 피조물은 이 땅에서 오직 인간뿐이다. 하나님께서는 이것을 분명히 밝히셨다. 나는 인간이 은혜를 통해 하나님의 일에 대해서도 충분한 지식을 얻을 수 있다고 믿는다. 하지만 그렇다고 해서 인간이 그의 사고력과 지혜로써 하나님을 발견하고 알고 사랑할 수 있는 것은 아니다.

우리의 사고 작용을 통해 하나님을 알려는 시도는 완전히 헛된 노력이다. 왜냐하면 하나님은 우리의 사고력과 상상력을 초월하시기 때문이다. 물론 우리가 그분에 대해 생각하는 것이 불가능하다는 말은 아니다. 다만 우리의 사고력으로 그분께 접근하거나 그분과 동등한 사고를 하거나 그분의 수준에 맞게 사고하는 것이 불가능하다는 말이다.

이것을 설명하기 위해 나는 우리 시대에 일어날 수 있는 위험한 일들 중 하나를 예로 들겠다. 하나님을 알고 하나님을 섬기겠다는 영적 굶주림을 안고 있는 한 젊은이가 어떤 선생에게 찾아갔다고 가정해보자. 그 선생은 그에게 "이 문제를 이렇게 생각해봅시다"라고 말하며 여러 가지 이론을 늘어놓는다. 이 젊은이는 "박사님, 고맙습니다"라고 말하고 그 선생에게서 떠난다. 젊은이는 자기가 무언가를 얻었다고 생각하지만 사실 그는 아무것도 얻은 것이 없다. 그가 머리로는 배웠지만 마음은 충족되지 못했기 때문에 여전히 영적 굶주림을 안고 선생을 떠난 것이다!

우리가 그리스도를 사랑하지 않으면, 우리가 하나님과 신학(神學)에 대한 지식으로만 배를 채우면, 그분을 향한 굶주림은 결코 해소되지 않을 것이다.

물론 나는 복음에 지적(知的) 요소가 있다는 것을 모르지 않는다. 하나님의 속성들 중 하나는 지성(知性)이다. 복음의 지적 요소를 다루는 것이 신학이고 교리이다. 인간의 사고(思考)는 신학을 낳게 되고, 신학은 교리를 다룬다. 이런 지적 활동은 모두 필요하고 정당하다. 그런데 문제는 이런 지적 활동에서 끝나면 안 된다는 것이다. 왜냐하면 지성보다 더 깊은 '우리의 마음'이 하나님을 찾아야 하기 때문이다.

오래된 어떤 찬송가는 "성령님이 성경말씀에 입김을 내뿜으시고 진리를 밝히 드러내십니다"라고 노래한다. 그분의 입김이 성경말씀에 닿을 때 우리가 성경에서 깨달을 수 있는 진리는 무궁무진하다. 성령님이 하나님의 생명을 진리에 불어넣으시는 일 없이 단지 성경을 지적으로만 설명한다면, 우리의 가르침은 무익할 뿐만 아니라 심지어 해로울 수도 있다.

무엇에 만족하는가?

우리는 종종 "주님, 거룩한 글 너머에 계신 주님을 찾습니다"

라고 찬송한다. 그런데 이렇게 찬송한다고 해서 우리가 성경과 상관없이, 성경과 모순되게 그분을 찾는다는 의미로 이런 찬송을 부르는 것은 아니다. 수많은 사람들이 하나님 대신 성경을 찾았는데, 이것은 잘못된 것이다. 성경이 목적이 되어서는 안 된다. 성경은 하나님을 알기 위한 수단으로 주어졌을 뿐이다.

이 시대의 많은 신자들은 성경을 소유하고 성경을 아는 것으로 만족하면서 "우리에게 성경이 있기 때문에 우리에게는 틀림없이 체험이 주어질 것이다"라고 주장한다.

신자의 하나님 체험이 성경에서 나와야 하는 것은 사실이지만, 성경은 있지만 체험이 없다는 문제가 생길 수 있다.

간단한 비유를 들어 이것을 쉽게 이해해보자. 아주 큰 부자가 죽으면서 유서를 남겼는데, 이 유서에는 그의 막대한 재산을 그의 외아들에게 물려준다는 말이 써 있다. 이 아들은 이 유서를 변호사에게 달라고 하여 그것을 가지고 다닌다. 하지만 그는 헐벗고 굶주리며 길거리에서 빵 조각을 구걸한다.

누군가 그에게 "불쌍한 사람아, 꼴이 말이 아니구나. 창백하고 쇠약하고 병색이 도는구나"라고 말하자, 그는 거칠게 반응하면서 "나한테 그런 식으로 말하지 말라. 내게는 평생 쓰고도 남을 재산이 있다"라고 쏘아붙인다. 그런 다음 자기의 말을 증명하기 위해 품에서 유서를 꺼내 읽는다.

"나는 내 사랑하는 아들 찰스에게 내 주식, 증권, 은행 예금 및 부동산을 모두 물려준다."

이 찰스라는 사람은 유서 자체에 지극히 만족한다. 유서를 소중히 여겨 늘 갖고 다닌다. 하지만 그는 유서의 내용이 집행되도록 조치를 취하지 않고, 유서의 검인(檢認)을 받기 위해 법적 절차를 밟지도 않으며, 유산에 대한 소유권을 주장하지도 않는다. 아직까지는 실제로 그의 손에 들어온 것이 아무것도 없다. 있다면 유서라는 종이 한 장뿐이다.

이와 마찬가지로, 그리스도인이 에베소서를 손에 꼭 쥐고 다니지만 자기가 영적으로 헐벗고 굶주려 창백하고 쇠약하다는 것을 깨닫지 못할 수 있다. 이런 사람에게 목회자나 복음전도자가 "당신은 영적으로 지금보다 훨씬 더 풍성한 삶을 살 수 있는데 왜 이렇게 삽니까?"라고 말한다면 그는 화를 내면서 이렇게 말할 것이다.

"나한테 그렇게 말하지 마십시오. 하나님께서는 '사랑받는 분'(the Beloved) 안에서 이미 저를 받아들이셨습니다. 예수님 안에서 모든 것이 내 것이 아닙니까? 하나님께서 내 아버지이십니다. 내가 그분의 기업(基業)을 얻을 자가 아닙니까?"

외롭게 울퉁불퉁한 길을 절뚝거리며 걸으면서 이 사람처럼 말하는 사람이 우리 가운데 얼마나 많을까! 유서를 가지고 있는 것과 유서에 보장된 부(富)를 손에 직접 넣는 것은 전혀 별개이다. 마찬가지로, 하나님의 뜻을 아는 것과 그 뜻에 따라 영적인 복을 누리는 것은 전혀 별개이다.

지성소로 들어가라

우리는 하나님께서 주시는 빛에 의해 초자연적으로 영혼이 소생케 되어야 하고 또 이런 영적 소생에 대한 이해를 가져야 하는데, 이렇게 될 수 있도록 하나님께서는 구약에서 아주 탁월한 상징을 허락하셨다. 구체적으로 말하면, 그분은 이스라엘의 대제사장이 지성소(至聖所)에 들어가는 것을 상징으로 사용하셨다. 우선, 하나님께서 정하신 순서에 따라 대제사장은 바깥뜰에 들어서는데, 바깥뜰에는 지붕 같은 덮개가 전혀 없었다. 그가 거기에 들어서면 햇빛이라는 자연광(自然光)이 그의 걸음을 밝혀주었다.

바깥뜰을 통과한 대제사장은 휘장을 젖히고 성소로 들어간다. 성소에는 자연광이 도달하지 못하기 때문에 제사장들이 인공적인 불을 계속 켜두어야 했다.

성소에서 다시 지성소로 들어가면 거기에는 자연광도 없고 인공적인 불빛도 없었다. 거기에는 오직 쉐키나 영광만이 있었는데, 이것은 시은좌(施恩座)로부터 비치는 하나님의 초자연적

빛이었다. 대제사장이 지성소에 들어오면 거기에는 그가 의지할 수 있는 인간적인 것이 전혀 없었다. 인간의 지성(知性)은 아무 힘을 발휘하지 못했다. 그 안에는 교회에서 흔히 볼 수 있는 촛불도 없고, 긴 옷을 입고 성직자 특유의 목소리로 기도문을 외우는 보조 성직자도 없었다.

당시에 대제사장으로서 섬기도록 선택된 사람을 생각해보라. 그는 천지를 창조하신 하나님께서 그룹들의 날개 사이에 있는 불 가운데 거하신다는 것을 알면서 지성소로 들어갔다. 그는 그분이 무수한 속성을 지니신 살아 계신 하나님이라는 사실을 알았다. 그는 그분이 그 존재의 깊이를 다 알 수 없는 크신 하나님이라는 것을 알았다. 그는 자기는 인간이지만 하나님이신 그분이 지성소에 거하신다는 것을 알았다. 그는 자기가 대제사장으로서 하나님 앞에 서야 한다는 것을 알았다.

바깥뜰에는 그를 돕는 빛이 하늘에 떠 있었다. 이것은 우리가 종종 의지하는 우리의 교회와 교파를 상징한다고 볼 수 있다.

성소로 들어가면 인공적인 빛이 있었는데, 이것은 우리의 신학(神學)을 상징한다고 볼 수 있을 것이다.

그런데 대제사장이 지성소로 들어가면 거기에는 자연적인 빛도 인공적인 빛도 없었고, 오직 초자연적인 빛만 있었다. 그곳에서 하나님 앞에 섰을 때 그에게 평안을 주시는 분은 오직 하나님이셨고, 그를 지켜줄 수 있는 것은 오직 그가 가지고 들어간 피뿐이었다.

더욱이 그는 혼자였다! 그와 함께 그곳으로 들어갈 수 있는 사람은 아무도 없었다. 그를 돕는 자들은 그가 휘장을 젖히는 것을 도와줄 수 있었을 뿐이다. 그런 다음 그들은 고개를 돌리고 뒤로 물러서야 했다. 오직 대제사장만이 피를 가지고 그 지극히 거룩한 곳으로 들어갈 수 있었다! 만일 피가 그를 지켜주지 않으면 그는 불 속에 던져진 나뭇잎처럼 불에 타버렸을 것이다. 지성소에서 그를 안심시키거나 도와주거나 그에게 조언을 줄 수 있는 사람은 전혀 없었다. 그의 등을 두드려주거나 그에게 성경본문을 보여줄 사람도 전혀 없었다. 그는 완전히 혼자였다. 그렇지만 하나님께서 그에게 평안을 주셨다.

우리는 홀로 하나님을 만난다

형제들이여! 우리가 결국 하나님을 만나게 된다면 그것은 우리 존재의 깊은 곳에서 일대일로 만나는 것이다. 우리가 군중 속에 있다 할지라도 그분과의 만남은 일대일의 만남이다. 그분은 수많은 사람들 중에서 한 사람 한 사람씩 불러내어 자신의 도장을 찍으신다. 많은 사람들을 한꺼번에 불러내어 한 번에 도장을 찍으시는 것이 아니다.

만일 당신이 수많은 사람들 틈에 껴서 도매금(都賣金)으로 회심했다면 당신은 회심한 것이 아니다. 만일 당신이 수많은 사람들에 묻혀서 성령충만을 받았다면 당신은 성령충만을 받은 것이 아니다.

사람들이 하나님을 일대일로 만나기를 원하지 않는다는 것을 나는 잘 안다. 하지만 갈증을 느끼는 사람이 생수를 발견하려면 일대일로 만나야 한다.

인간들은 서로를 돕기 원하는데, 우리의 능력이 닿는 한 그것은 좋은 일이다. 그러나 하나님을 만나는 문제에서는 얘기가 달라진다. 그분은 우리가 자연적인 빛이나 인공적인 빛이 없는 그분의 존재까지 애써 도달하기를 원하신다. 우리의 교단들도 그 나름대로 긍정적인 기능을 하지만, 그분을 일대일로 만나는 문제만큼은 우리에게 도움을 주지 못한다. 하나님은 우리가 오직 하나님을 원하는 마음으로 자신에게 나아오기를 원하신다. 우리는 오직 그분을 원해야 한다. 다른 것들로 눈길을 돌려서는 안 된다.

모든 법적 방해가 제거되었다!

우리가 이렇게 하나님 앞에 나아간다면 하나님은 그분께 나아가는 것을 방해하는 법적(法的) 요인들을 모두 제거하셨다는 확신을 우리에게 주실 것이다. 이것이 얼마나 큰 복인가! 예수 그리스도께서 우리를 방해하는 법적인 것들을 모두 제거하셨다는 사실이야말로 영광스러운 복음의 핵심이다!

인간이 천국에 가지 못하는 데에는 많은 법적 이유들이 있다. 또한 인간이 천국에 가지 못하는 데에는 많은 통치적(統治的) 이유들이 있다. 거룩한 하나님께서는 자신의 우주를 다스리실 때 거룩한 법들에 따라 통치하신다. 그런데 인간은 어떤 식으로든 이 거룩한 법들을 모두 어겼기 때문에 천국에 갈 수 없다. 이런 인간에게 그분이 찾아오시고 인간이 그분을 하나님으로 모시려면 구속(救贖)과 칭의(稱義)가 있어야 한다.

그런데 감사하게도 이것이 이루어졌다! 이 사실을 증거하는 신약의 언어는 매우 분명하다. 예수 그리스도 안에서, 예수 그리스도의 죽음과 부활을 통해서 모든 법적 방해들이 제거되었다는 것이다! 그러므로 이제 당신을 막는 것은 없다. 있다면 그것은 당신 자신뿐이다. 우리가 하나님의 충만함의 깊은 곳으로 완전히 들어가지 못할 이유는 전혀 없다.

이제 내가 다시 지적하고 싶은 것은, 너무나 많은 사람들이 자기들의 사고력에 의지하여 하나님의 충만함 속으로 들어가려 한다는 것이다. 그러나 그 속으로 들어갈 수 있는 유일한 길은 우리의 마음으로 그분을 영원히 믿고, 그분을 소리쳐 부르고, 순전한 사랑으로 그분을 바라보는 것이다. 이제는 그분의 말씀을 믿고 그분을 사랑하는 것 외에는 다른 방법이 없다.

자신을 비우고 하나님으로 채워라

하나님의 충만함 속으로 들어가려면 우리의 사고력으로는 부족하다. 우리가 두뇌, 생각 또는 지성이라고 부르는 저 작은 것으로는 온 우주를 채우고 무한히 넘쳐흐르는 전능하신 하나님께 나아갈 수 없다. 결코 안 된다! 우리의 지혜와 우리의 존재에 의해서는 그분을 만날 수 있는 경지까지 올라갈 수 없다. 오직 믿음과 사랑을 통해서만 우리는 하나님을 알고 숭모(崇慕)하는 경지에 오를 수 있다.

당신은 진공(眞空)이 어떤 상태인지 잘 알 것이다. 아무것도 없는 상태, 심지어 공기조차 없는 상태가 진공이다. 과학자들의 말에 따르면, 자연은 진공을 싫어한다고 한다. 단단한 물질로 상자 같은 것을 만들어서 인공적으로 진공 상태를 유지하지 않는 한, 주변의 공기나 물이나 기타의 물질이 진공 속으로 들어가 그것을 채운다고 한다. 감사하게도, 하나님의 나라에서도 진공은 환영 받지 못한다. 당신이 당신을 비우면 전능하신 하나님께서 당신 속으로 들어가 그 공간을 채우신다.

누군가 이렇게 말했다.

"내 구세주의 사랑에 이끌려 그분을 부지런히 따릅니다. 땅으로부터 이끌려 올라가 위의 것들을 향하다보니 어느덧 제 자신에게서 빠져나왔습니다!"

그렇다! 결국 내 자신에게서 빠져나오면 된다. 이 사람과 같은 고백을 할 수 없다면 우리는 큰 문제에 봉착하게 된다. 땅으로부터 이끌려 올라가 위의 것들을 향하지 않는다면 우리가 어떻게 자신에게서 빠져나와 하나님 앞에 이를 수 있겠는가? 우리가 우리 자신에게서 빠져나오고 그 진공 상태를 하나님의 복된 임재로 채운다면 우리는 지극히 행복한 시간을 맛볼 것이다. 그런 시간이 오면 우리는 오직 하나님을 사랑하기 때문에 그분께 복종할 것이고, 오직 하나님을 기쁘게 해드리기 위해 그분의 뜻에 따를 것이다. 그분은 이런 우리의 사랑과 섬김을 받기에 합당하시며 또 그렇게 되기를 원하신다.

자아의 진흙 구덩이에서 빠져나와라

하나님께서 우리를 성령님 안으로 초대하실 때 우리는 한 가지 놀라운 사실을 발견할 수 있다. 그것은 그분이 서로 다른 사람들에게 서로 다른 말씀을 하지 않으신다는 것이다. 하나님은 일구이언(一口二言)하지 않으신다. 하나님의 말씀은 오직 하나이다. 하나님은 자신의 말씀을 듣는 모든 사람들에게 동일한 말씀을 하신다.

하나님께서는 "너 자신을 쏟아버려라. 너를 내게 바쳐라. 너를 비워라. 네 질그릇을 비워서 내게 가져와라. 어린아이처럼 온유한 마음으로 내게 오라"라고 말씀하신다.

우리는 성령님의 도우심을 힘입어 우리 자신에게서 빠져나와야 한다. 왜냐하면 그분만이 하나님의 일을 아시기 때문이다. 우리는 성령님의 도우심에 의해 자아의 진흙 구덩이에서 빠져나와야 한다. 그렇게 될 때 우리는 우리가 대단한 존재라는 생각을 버릴 것이고, 결국에는 우리 자신에게서 건짐 받아 오직 하나님만을 찾게 될 것이다.

그 옛날, 밀려드는 군중의 틈을 헤치고 힘써 예수님께 나아갔던 저 연약한 여자를 생각해보라. 사방에서 사람들이 구름같이 모여들어 예수님을 에워싸고 있는 상황에서 이 연약한 여자는 사람들이 거칠게 미는 것을 전혀 개의치 않고 그분께 나아갔다. 그리고 마치 자기와 예수님만이 그 자리에 있는 것처럼 그분의 옷자락을 만져 병 고침을 얻었다.

그때 그분은 고개를 돌려 "누가 나를 만졌느냐?"라고 물으셨다. 그를 둘러싼 사람들은 그분께 "예수님, 그런 질문은 말이 안 됩니다. 이렇게 많은 사람들이 밀고 밀리는 상황에서 '누가 나를 만졌느냐?'라고 물으시는 것이 무슨 소용이 있습니까?"

라고 대답했을 것이다. 그러나 그분은 "누가 나를 믿음으로 만졌느냐? 누가 나를 사랑으로 만졌느냐?"라는 뜻으로 물으신 것이다. 많은 사람이 그분을 밀었지만, 이 연약한 여자는 믿음과 사랑과 경탄으로 그분을 만져서 병 고침을 얻었다!

오늘날도 수많은 사람들이 모인 곳에는 소박한 믿음과 사랑으로 예수님께 나아갈 수 있는 기회가 숨어 있다. 하지만 많은 사람들은 자기들끼리 떠들고 즐기느라 주님께 주목하지 않는다. 그러나 이런 상황에서도 주님은 우리가 무리와 여건과 전통에 개의치 않고 믿음과 사랑으로 자신에게 나아와 온전히 치료받기를 원하신다.

사랑하는 그분을 갈망하고 찾아라

성경으로 돌아가라. 그리고 하나님의 친구들이 그분을 얼마나 애타게 갈망했는지를 깊이 묵상해보라. 아브라함과 다윗과 바울이 어떤 점에서 우리와 다른가를 보라. 그들은 하나님을 찾고 또 찾았다! 한마디로 말해서, 하나님을 끊임없이 찾았다. 반면 우리는 하나님을 영접한 다음에는 더 이상 그분을 찾지 않는다. 이것이 차이이다.

구약의 아가서를 보면, 젊은 목자와 사랑에 빠진 젊은 여자의 감동적인 이야기가 나온다. 그녀가 매우 아름답기 때문에 심지어 왕이 그녀에게 반해 그녀의 환심을 사려고 애쓰지만, 그녀는 그녀의 연인인 소박한 목자에게 충실하다. 이 목자는 밤이슬을 맞으며 백합을 모아서 그녀를 만나기 위해 찾아와 격자창(格子窓)을 통해 그녀를 부른다.

이 이야기는 여러 가지 면에서 주 예수님과 성도들 사이의 관계를 비유적으로 나타낸다. 목자는 예수님을, 젊은 여자는 성도를, 왕은 세상을 상징한다. 세상이 우리의 마음을 빼앗으려고 애쓰지만, 목자이신 예수님은 자신의 신부인 교회를 사랑하고 돌보신다.

아가서에서 목자는 "나의 어여쁜 자야 일어나서 함께 가자 … 비도 그쳤고 … 반구의 소리가 우리 땅에 들리는구나"(아 2:10-12)라고 말한다.

그러나 그녀는 잠자리에 들 준비를 마쳤다는 이유를 내세워 그의 청을 거절한다. 그리하여 목자는 슬퍼하며 가버린다. 하지만 마음에 가책을 느낀 여자는 침상에서 일어나 그녀의 연인을 찾아 나선다. 연인을 찾아 헤매는 그녀를 본 그녀의 친구들은 "너의 사랑하는 자가 남의 사랑하는 자보다 나은 것이 무엇이기에 이같이 우리에게 부탁하는가"(아 5:9)라고 묻는다.

그녀는 "아, 그 사람은 아주 멋있다. 그가 찾아와 나를 불렀다. 나는 그의 소리를 들었지만 그를 따라갈 마음이 생기지 않았다. 하지만 지금은 내가 잘못했다고 생각하기 때문에 그를 찾고 있는 것이다"라고 대답한다. 결국 그녀는 "나는 내 영혼이 사랑하는 사람을 찾았다"라고 고백한다. 그녀의 연인은 슬퍼했지만, 멀리 가 있지 않았다. 우리의 '사랑받는 분'(the Beloved)도 마찬가지이시다. 그분은 우리에게 아주 가까이 계시어 우리가 그분을 찾기를 기다리신다.

사랑하는 분을 늘 갈망하고 찾는 마음이 그분에 대해 조금 알고 있는 것에 만족하여 주저앉아 있는 마음보다 훨씬 더 낫다.

chapter 11

하나님과 우리 사이를 가로막는 구름에서 벗어나라

> 우리가 우리의 영혼 안에 주어진 예수 그리스도의 신적 조명을 붙들지 않는 이유는 무엇인가? 그것은 미소 지으시는 하나님의 얼굴과 우리 사이에 은폐의 구름이 있기 때문이다.

미소 지으시는 하나님의 얼굴

나는 은폐의 거대한 구름이 복음을 믿는 많은 사람들을 덮고 있다고 생각한다. 사실상 그들은 미소 짓는 하나님의 얼굴을 생각하지 않고 살아간다.

대부분의 교회들이 성경의 문자(文字)에 철저히 집착하는 본문중심주의(本文中心主義)를 신봉한다. 그 결과, 신약의 언어가 여전히 사용되고는 있지만 신약의 성령님은 탄식하신다.

예를 들어, 성경의 축자영감설(逐字靈感說, 성경의 글자 하나하나가 모두 하나님의 영감에 따라 이루어졌다고 하는 설)이 받아들여지고는 있지만, 성경이 줄 수 있는 영적 깨달음과 생명력은 사라지고 대신 사후경직(死後硬直, 동물이 죽은 뒤에 화학 변화가 일어나 근육이 굳어지는 일)이 일어난다. 그리하여 신앙적 동력(動力)은 억압되고, 신앙적 창조력은 웃음거리가 되고, 신앙적 열망은 질식당한다.

이런 일에 앞장서는 목회자들과 신학자들은 "교회 안에서 영적 열망과 영적 소원에 대한 얘기를 해서는 안 된다"라고 가르쳐왔고, 앞으로도 그렇게 가르칠 것이다.

우리는 복음주의적 그리스도인들이 이런 가르침에 어떻게 반응했는지를 이미 살펴보았다. 두 가지 방향으로 반발이 있었는데, 이것은 다소 무의식적(無意識的)인 반발이었다. 많은 복음주의자들이 이미 '신앙의 오락화'를 받아들였기 때문에 복음주의적 교회에 다니는 많은 신자들도 교회의 공연장화(公演場化)를 자연스럽게 수용하고 있다. 이런 사람들과는 달리 진지한 그리스도인들이 일부 있다. 근본주의적이고 복음주의적인 사고(思考)를 하는 그들은 반발을 일으켜 복음주의적 이성주의(理性主義)로 넘어갔다. 그들은 자유주의와 화해하는 것이 실제적인 면에서 지혜롭다고 판단한다.

이런 시대적 분위기 속에서 사는 사람들에게는 영적 완전함과 하나님을 향한 갈망에 대한 메시지가 아주 이상하게 들린다. 한쪽에서 수많은 사람들은 "나는 예수님을 영접했다. 그러므로 이제 가서 신나게 놀자. 신난다!"라고 외친다. 또 한편에서는 진지하고 근엄한 사람들이 무엇을 찾겠다고 그들의 사고력에 의지하다가 그만 자유주의와의 경계선에 이르러 위험한 상태에 빠진다. 이러는 사이에 신약이 가르치는 목적과 방법과 메시지는 동면(冬眠) 상태에 빠져 멸시받고 망각된다.

여러 해 동안 경건 서적의 고전들을 읽으면서 나는 과거에 하나님의 성도들이 자신들의 영혼의 불을 날마다 밝게 켜두기를 간절히 소원했다는 것을 알게 되었다. 그들은 자신들의 마음속에서 하나님의 불을 느끼고 그분과 화평을 누리려고 애썼다. 기록에 의하면, 그들은 자신들의 마음의 밭에 숨겨진 보물을 소유하기 위해 세상의 모든 것을 기꺼이 버릴 각오가 되어 있는 사람들이었다.

지금 나는 어떤 새로운 교리를 이야기하는 것이 아니다. 그러니까 내 얘기를 생소하고 이상한 이야기로 듣지 말라. 그리스도께서는 우리를 위해 온전한 속죄(贖罪)를 이루셨다. 그러므로 우리는 우리 안의 하나님나라를 알고 얻는 의식적(意識的) 경험을 누리기 위해 모든 것을 버려야 한다.

하나님께서는 하나님의 얼굴을 우리에게 향하신다. 유명한 놀위치의 줄리안(Julian of Norwich, 1342~1416. 하나님과의 신비적 연합을 추구한 영국의 여성도)은 오래 전에 이런 글을 남겼다.

"우리 주님이 우리의 죄 때문에 비싼 대가를 치르셨기 때문에 우리는 모든 죄에서 벗어나 무한한 영광으로 들어가게 되었다."

사도 바울은 이것을 "죄가 더한 곳에 은혜가 더욱 넘쳤나니"(롬 5:20)라는 식으로 표현하였다.

미소 지으시는 하나님의 얼굴이 우리를 향한다는 사실을 아는 것은 정말로 감사하고 영광스러운 일이다. 그렇다면 어찌하여 우리는 우리 주 예수 그리스도의 놀라운 신적(神的) 조명(照明)을 붙들지 않는가? 어찌하여 우리는 우리의 영혼 안에 있는 거룩한 불을 알지 못하는가? 어찌하여 우리는 하나님과 화평을 누리는 즐거움을 느끼지 못하는가?

은폐의 구름

그 이유는 이렇다! 그것은 미소 지으시는 하나님의 얼굴과 우리 사이에 은폐의 구름이 있기 때문이다. 이런 문제를 제기하면 어떤 사람들은 "중요한 것은 '우리가 하나님 앞에서 무엇을 소유했느냐가 아니라 그분 앞에서 어떤 지위에 있느냐'이기 때문에 그런 문제는 논의할 필요가 없다"라고 대답한다. 그러나 이런 대답은 드라이아이스(dry ice)만큼 차가운 것이기 때문에 우리의 영혼을 더욱 차갑게 만들 뿐이다.

미소 지으시는 하나님의 얼굴이 언제나 우리를 향해 있지만 우리는 스스로 은폐의 구름을 만들어낸다.

우리가 은폐의 구름을 만들어내는 것을 설명하기에 좋은 비유는 날씨의 비유이다. 태양은 언제 어디에서나 빛나고 있다. 하나님께서 태양으로 하여금 낮을 주관하게 하신 날부터 이제까지 태양은 계속 빛나고 있다. 그러나 이 땅에서는 구름 낀 날, 어두운 날 또는 안개 낀 날이 생긴다. 대낮인데도 날이 매우 어두워져서 닭들이 둥지에 들어앉고 사람들도 전등을 켰던 일을 나는 경험했다.

그렇게 어두운 날에도 태양은 분명히 6월의 맑은 날처럼 밝게 빛나고 있었다. 우리는 태양이 사라질까봐 걱정할 필요가 없다. 그것은 언제나 빛날 것이기 때문이다. 문제는 어두운 구름이 태양과 지구 사이를 가로막아서 밝은 태양빛을 차단하는 것이다.

이 비유를 그리스도인의 삶에 적용해보자. 우리의 구원을 위해 필요한 것이 모두 이루어졌다. 그리스도께서 우리를 위해 죽으시고 죽은 자들로부터 다시 사셨다. 하나님의 얼굴 빛이 우리에게 비춘다. 그러나 우리 그리스도인들은 그분과 우리 사이에 은폐의 구름을 만들어놓는다.

때로는 당신의 굳어진 교만이 은폐의 구름이 될 수 있다. 당신이 하나님의 자녀이고 천국이 당신의 집이라 할지라도 당신은 평생 주 예수 그리스도의 신적 조명 없이 살아갈 수도 있다. 당신은 교만한 목을 숙이지 않는다. 하나님이나 사람들에게 목을 굽히지 않는다. 그분은 이스라엘 민족에게 그들의 목이 놋쇠와 같고 그들의 이마가 돌처럼 단단하다고 책망하셨다. 그럼에도 불구하고 그들은 하나님의 뜻에 따르지 않았다.

고집은 교만과 가까운 친척이다. 이것도 역시 하나님의 얼굴을 가리는 구름 중 하나이다. 물론 고집이란 것이 옳은 것을 고집한다면 경건에 도움이 될 수 있다. 교회에 들어온 사람에게서 이런 고집이 발견된다면 교인들은 그것을 수용할 것이다. 고집스럽게 기도의 골방을 출입한다면 그것은 경건에 도움이 된다. 그러나 이런 긍정적인 의미의 고집보다는 부정적인 의미의 고집이 더 많다는 것을 기억하라. 부정적인 고집은 심술궂고 까다롭고 성급하다. 이런 구름 아래 살고 있는 사람들은 '내가 잘못된 고집을 꺾고 하나님께 온전히 복종했는가?'라고 스스로에게 물으며 자기를 살펴야 한다.

야망도 어두운 구름을 몰고 와 하나님과 우리 사이를 가로막을 수 있다. 신앙생활 중에 야망이 이런 부정적인 작용을 할 수 있다. 우리는 우리 자신을 위해 지위를 얻고 사람들에게 인정을 받지만, 이것이 하나님의 뜻이 아닐 수도 있다. 이런 것은 우리의 야망을 추구하는 것이다. 어떤 것을 우리 것이라고 주장하면서 계속 손에 쥐고 있으면 우리와 하나님 사이에 구름이 끼게 되고 그 무엇도 이 구름을 뚫을 수 없게 된다. 이런 일은 평신도뿐만 아니라 목회자에게도 일어날 수 있다. 자기의 야망을 앞세우는 목회자가 기득권에 안주하는 것은 옳지 않다. 사실 이런 목회자는 사람들의 눈총을 받게 마련이다. 이런 사람이 하나님의 미소와 복을 맛보려면 그는 자신의 목사직과 설교권과 기타 지위를 포기할 마음을 가져야 할 것이다.

그리스도인들이 빠질 수 있는 착각의 구름

기도만 하면 순종하지 않고도 문제가 해결될 것이라고 착각하는 사람들이 있다. 이런 사람들은 자기와 하나님 사이를 가로막는 구름이 있다는 사실을 알면서도 금식하며 기도하면 그 구름이 걷힐 것이라고 믿는다. 그러나 기도가 이런 구름을 걷어내는 것이 아니다. 더욱이 이런 경우에 하는 금식은 완고함을 은폐하는 수단으로 악용될 수 있다.

길게 기도하면 모든 문제가 해결된다는 하나님의 말씀은 없다. 오히려 사람들이 무익한 기도회를 했을 때 그분이 그것을 중단시키신 경우가 성경에 나온다.

이스라엘의 역사를 보면, 사무엘 선지자가 사울 왕을 위하여

기도하려고 할 때 하나님께서 "사무엘아, 사울을 위하여 더 이상 기도하지 말라. 내가 그를 버렸다"라고 말씀하신 것을 알 수 있다. 또 다른 경우도 있다. 여호수아가 얼굴을 땅에 대고 납작 엎드려 기도했다. 그가 경건한 기도의 사람이었다는 것은 천하가 다 아는 사실이었다. 그러나 하나님은 그에게 "여호수아야, 네가 지금 무엇을 하느냐? 탄식하며 기도한다고 해서 내가 응답하는 것은 아니다. 일어나 네 무리 중에서 생긴 문제를 해결하라. 그러면 내가 복을 내리겠다"라고 말씀하셨다.

순수한 소원에서 나오는 참된 기도에 하나님께서 응답하신다는 것은 만고(萬古)의 진리이다. 그러나 우리는 하나님과 우리 사이를 차단하는 구름을 몰고 온 것들에 집착하면서 그 구름을 걷어달라고 기도하는 어리석음을 버려야 한다. 이런 것은 용납될 수 없다.

또한 우리는 두려움의 문제를 짚고 넘어가야 한다. 언제나 두려움은 불신앙의 아들이다. 다른 특별한 이유 없이 불신앙에서 나오는 두려움은 당신과 하나님 사이를 가로막는다. 우리는 암에 걸리지 않을까 두려워한다. 자식이 사고를 당해 신체를 못 쓰게 되지 않을까 두려워한다. 직업을 잃게 되지 않을까 두려워한다. 러시아가 미사일 공격을 하지 않을까 두려워한다.

그러나 주님은 우리가 모든 두려움을 자신에게 맡기기를 원하신다. 그분은 우리에게 필요한 모든 것을 준비해놓으셨다. 그러므로 우리는 맡기고 믿으면 된다. 그분은 모든 것을 해결하실 수 있다!

'자기 사랑'도 구름이 될 수 있다. 자기 사랑이라는 단어가 등장하면 사람들은 그것에 대해 농담하기를 좋아하지만, 이것은 결코 농담하고 넘어갈 문제가 아니다. 회심(回心)하여 그리스도인이 된 사람도 여전히 자기 사랑에 빠져 있기 때문에 그의 머리 위에서 구름이 걷히지 않고 있다. 여러 가지 형태로 나타나는 자기 사랑, 자아도취, 자기만족은 모두 자아에게서 비롯되는 죄(罪)이다. 현대의 서기관들은 이런 것들이 잘못된 것이 아니라고 말하면서 합리화한다. 그러나 우리 영혼의 촛불이 밝게 타오르고 예수 그리스도의 신적 조명을 알아야 한다고 부르짖는 한탄의 목소리가 우리 속에서 들리지 않는가?

또한 우리는 돈과 온갖 형태의 소유에 대한 우리의 태도 때문에 우리 위에 구름이 낄 수도 있다는 것을 기억해야 한다. 하나님과 우리 사이에 돈이 문제가 될 수 있다. 100원짜리 동전 두 개를 취하여 두 눈에 갖다대면 눈앞에 있는 아름다운 전경(全景)이 전혀 보이지 않게 된다고 누군가 말했다. 당신도 한번 실험해보라. 거대한 산 앞에 서서 동전 두 개를 두 눈에 갖다대보라. 분명히 산이 당신 앞에 있지만 동전으로 시야가 가려서 당신의 눈에는 산이 보이지 않을 것이다. 이렇게 돈이 당신과 하나님 사이를 가로막을 수 있다. 물론 돈이나 재물이 많은 것 자체가 문제는 아니다. 문제는 그것들에 대한 당신의 태도이다. 재물이 많든 적든 간에 우리는 주님의 인도에 따라 선한 청지기로서 재물을 올바르게 사용해야 한다.

하나님과 당신 사이의 구름을 걷어내기 위해서는 사람들과 사회와 전통에 대한 당신의 태도 또한 잘 살펴야 한다. 혹시 당신은 이런 것들에 적응하면서 살겠다고 마음먹었는가? 이런 것들에 순응하여 조화를 이루기 위해 당신의 대부분의 시간을 투자하는가? 당신의 자녀들에게 사람들과 잘 어울리는 것이 인생에서 가장 중요하다고 가르치는가? 만일 그렇다면 당신의 마음에는 구름이 끼어 있는 것이다.

구름 위로 올라가라

하나님과 우리 사이에 구름이 끼게 만드는 이런 모든 것들을 해결하려면 어떻게 해야 할까? 내가 볼 때, 우리의 머리 위에 있는 구름을 믿음으로, 은혜를 통해 우리의 발 아래 놓겠다는 의지가 문제 해결의 열쇠이다.

바울은 우리에게 좋은 모범을 보이는데, 그는 "나는 … 뒤에 있는 것은 잊어버리고 앞에 있는 것을 잡으려고 … 좇아가노라"(빌 3:13,14)라고 말했다. 뒤에 있는 것을 앞에 놓으면 그것이 하나님의 얼굴을 가린다는 사실을 그는 깨달았던 것이다! 그는 뒤에 있는 것들, 즉 패배, 실수, 넘어짐, 오류, 비난 등을 잊어버림으로써 그것들을 발 아래 놓았다.

그리스도인이 승리를 얻을 수 있는 방법은 하나님의 얼굴을 다시 볼 수 있도록 그분과 우리 사이에 낀 구름을 발 아래 놓는 것이다. 감사한 것은, 하나님께서 우리가 자신만을 바라보기를 기다리시며 항상 우리 위에 계시다는 것이다!

몇 년 전에 뉴욕 시에서 이륙한 비행기에서 나는 아주 생생한 경험을 했다. 그때는 오후 시간이었는데, 날씨가 어둡고 비가 왔다. 승객들이 비행기에 올랐을 때 호의적이고 편안해 보이는 조종사가 고약한 날씨에 대해 잠깐 언급했다.

"우리는 이륙한 후 15분만 지나면 밝은 햇살 아래 있게 될 것입니다. 일기도(日氣圖)를 보니까, 일단 스모그와 안개와 구름 위로 올라가면 시카고까지 내내 밝고 맑은 날씨를 즐기게 될 것입니다."

이륙하자마자 주변의 구름이 흰색으로 변했고, 조금 후에는 그 구름이 우리의 발 아래 있게 되었다. 우리 위에서는 태양이 밝게 빛났고, 우리는 눈부신 햇살을 받으며 약 1,500킬로미터를 날아갔다.

나는 내 나름대로 조종사를 도우려고 노력했지만 사실 그럴 필요가 없었다. 평소에 나는 비행기가 옆으로 기울거나 회전을 할 때 불안을 느끼기 때문에 내 몸무게를 이용하여 비행기의 균형을 잡아주려고 애쓰는 사람이다. 그러나 그때 자신감 넘치는 표정의 그 조종사는 엔진이 네 개 달린 그 거대한 비행기의 균형을 잡기 위해 70킬로그램의 내 체중에 의지할 필요가 없었다. 그는 우리를 눈부신 햇살 속으로 데려가겠다고 말했고, 실제로 자신의 말대로 그렇게 했다!

영적인 영역에서도 마찬가지이다. 우리의 조종사가 되시는 하나님께서는 우리를 눈부신 햇빛 속으로 데려가겠다고 약속하신다. 우리가 동의하기만 하면 그분은 우리의 구름이 우리의 발 아래 있게 하신다. 그분은 단지 우리의 동의를 구하실 뿐이다. 그분이 구름을 우리의 발 아래 놓으시도록 우리가 맡기면 그분은 우리의 과거의 모든 것, 즉 우리를 부끄러움과 슬픔과 근심 속으로 몰아넣었던 모든 것을 덮어주신다. 그분은 우리가 영적 평안과 능력을 맛볼 수 있는 그 높은 곳으로 오르기를 원하신다.

이 땅의 조종사는 "15분 후면 햇빛 속으로 들어갈 것입니다"라고 말했지만, 우리의 하늘 조종사께서는 "너희가 구름을 발 아래 두기를 원하는 순간 너희는 내 햇빛 속으로 들어올 것이다"라고 약속하신다.

하나님의 약속을 믿고 하나님의 뜻에 따르라. 그러면 속박 상태에서 벗어나 놀라운 자유를 누리게 될 것이다. 하나님의 말씀에서 새로운 기쁨과 확신을 발견하게 될 것이다. 전에는 알지 못하던 광채와 조명과 향기를 맛보게 될 것이다. 이렇게 되는 데에 가장 필요한 것은 하나님의 약속을 받아들이려는 의지(意志)이다. 믿음으로 행동하라.

하나님의 손을 붙들라

앨버트 벤자민 심슨 박사가 지은 찬송가가 있다. 이것은 지금은 잘 불려지지 않는데, 거기에는 두 가지 이유가 있다. 첫째는 곡조가 어렵기 때문이고, 둘째는 이를 증거하는 체험을 맛본 사람이 별로 없기 때문이다. 아무튼 이 찬송가의 가사를 보자.

하나님의 사랑의 손을 붙듭니다.
하나님의 귀한 약속을 제 것으로 삼습니다.
이 약속에는
'제가 동의하면 하나님이 시작하신다'라는
거룩한 암호가 있습니다.
거룩하신 주님, 주님을 붙듭니다.

주께 저를 바칩니다.
그러면 주님의 말씀에 따라
주님이 저를 위해 시작하십니다.

 이제 우리는 근본적인 질문을 하지 않을 수 없다. 하나님께서 준비하신 모든 것을 하나님으로부터 받겠다는 의지가 우리에게 있는가? 그분은 우리를 위해 이미 시작하셨다. 우리는 그분의 사랑의 손을 붙들 것인가? 그분의 귀한 약속을 우리 것으로 삼을 것인가?

 형제들이여, 하나님은 우리의 믿음과 사랑을 기다리신다. 그분은 우리가 누구의 성경 해석을 받아들였는지를 묻지 않으신다. 신약의 기록에 따르면, 신약 시대에 신자들이 모여 함께 기도하고, 강한 자들이 약한 자들의 짐을 지고, 영적으로 넘어진 자들을 위해 모두가 기도했다고 한다. 그럴 때 그들이 모인 곳이 진동하고 모두가 성령으로 충만해졌다!

 그러나 성경을 해석한다는 사람들은 우리에게 "그런 신약의 기록에 관심을 갖지 말라. 그것은 우리와는 상관없는 일이다"라고 가르쳐왔다. 그리하여 이른바 해석이라는 것이 말씀의 의미를 왜곡했고, 거룩하신 성령님은 비둘기같이 날개를 접고 침묵을 지키셔야 했다.

그러나 우리의 마음은 "기발한 해석을 늘어놓는 데 능한 이런 현대판 서기관들이야말로 영적으로 잘못된 사람들이다"라고 우리에게 일깨워준다. 하나님을 갈망하는 우리의 심령은 "과거의 성도들과 찬송가 작가들과 경건의 용사들의 가르침이 옳다"라고 우리에게 가르쳐준다.

어떤 사람들은 잘못된 해석에 집착하여 영적 기갈의 상태 속에 살고 있다. 그러나 우리 중에는 어떤 대가를 치르더라도 하나님의 풍성한 영적 복과 감동과 최고의 선물을 얻겠다는 사람들도 있다. 구주께서는 성령님이 현재 이 세상에 살고 있는 우리를 찾아오신다고 가르치셨다. 성령님은 나에게 그리고 당신에게 임하신다. 얼마나 아름다운 일인가!

누구도 하나님께서 얼마나 충만히 우리에게 임하실는지 어떤 규칙을 세울 수는 없다. 다만 주님은 우리 영혼의 촛불이 언제나 밝게 타도록 만들어주기를 원하신다고 말씀하실 뿐이다.

chapter *12*

등을 살살 긁어주며 아첨하는 자아를 경계하라

> 당신은 지금 자신이 어떤 상태에 있는지를 모르고 그냥 아무 문제가 없다고 느낄 뿐이다. 그러나 그렇게 느끼는 것은 죽기를 거부하는 자아가 당신을 위로하고 당신의 등을 살살 긁어주고 당신에게 아첨하기 때문이다.

자신을 의지하면 반드시 패배한다

자신을 의지하는 인간의 뿌리 깊은 습관은 그리스도인으로서 승리를 얻는 것을 방해하는 마지막 큰 장애물이다. 심지어 사도 바울도 그랬다. 신약의 서신들에 실린 그의 고백에 따르면, 자신을 의지할수록 하나님을 덜 의지하게 된다는 것이다. 자신을 의지하는 이 마지막 장애물을 극복했을 때 비로소 그리스도의 충족성(充足性)에 깊이 잠길 수 있다고 그는 분명히 밝혔다.

자신의 체험 끝에 바울은 "내 속 곧 내 육신에 선한 것이 거하지 아니하는 줄을 아노니"(롬 7:18)라고 겸손히 고백했는데,

여기서 우리는 많은 것을 배울 수 있다. 하나님과 하나님의 뜻에 완전히 자신을 맡기려면 먼저 자신을 완전히 철저히 불신해야 한다는 것을 그는 깨달았다.

자신이 어떤 존재인지를 깊이 들여다보기로 마음먹은 다음부터 바울은 더 이상 자신을 의지하지 않았고, 자신에 대해 가혹하리만큼 부정적으로 이야기했다. 그러나 그리스도를 위해 일해야 한다는 충동에 사로잡혀 사람들 앞에 섰을 때 그는 달라 보였다. 그는 자신감이 넘쳐 보였는데, 그것은 하나님을 만나서 "우리가 이 보배를 질그릇에 가졌으니 이는 능력의 심히 큰 것이 하나님께 있고 우리에게 있지 아니함을 알게 하려 함이라"(고후 4:7)라고 거짓 없이 고백할 정도가 되었기 때문이다.

예수님을 그리스도와 주님이라고 선포하는 일을 계속해나갈 때 바울은 끊임없는 영적 싸움에 휘말려들 수밖에 없었다. 그러나 그는 능력을 받을 수 있는 입장에서 일하는 것이 얼마나 복된 것인지를 잘 알았다. 왜냐하면 자신에 대해 환상을 갖지 않고 대신 온전히 하나님의 영(靈)을 의지했기 때문이다. 그의 고백을 들어보자.

"나의 나 된 것은 하나님의 은혜로 된 것이니"(고전 15:10).

"나는 사도 중에 지극히 작은 자라 … 사도라 칭함을 받기에 감당치 못할 자로라"(고전 15:9).

"그리스도 예수께서 죄인을 구원하시려고 세상에 임하셨다 하였도다 죄인 중에 내가 괴수니라"(딤전 1:15).

사실 이런 고백을 한 사람은 사도 바울뿐만이 아니다. 하나님을 위해 큰일을 이룬 믿음의 위인들도 이런 고백을 했다! 만일 그들이 우리 앞에 나타난다면 "인간의 자아를 계속 의지하는 사람들은 영적 싸움에서 결코 승리를 얻을 수 없습니다. 왜냐하면 그들은 자기들의 능력으로 승리할 수 있다는 착각에서 벗어나지 못하기 때문입니다"라고 간곡히 일러줄 것이다.

모든 은혜와 능력이 오직 하나님께로부터 나오기 때문에 그분으로 말미암지 않고는 단 한 가지 선한 생각도 우리에게서 나올 수 없다. 이것을 알고 인정할 때 비로소 우리는 하나님을 위해 일하여 열매를 맺을 수 있다.

자기신뢰의 속삭임을 경계하라

우리는 자신의 능력과 힘을 완전히 불신해본 경험이 없으면서도 바울의 교훈을 기록한 성경구절을 유창하게 인용할 줄 안다. 우리 자신을 의지하는 마음은 매우 간사하기 때문에 그것이 사라졌다고 믿는 순간에도 어느덧 다시 우리에게 속삭인다.

하나님을 찾고 승리를 위해 분투하는 과정에서 어쩌면 우리는 우리를 괴롭히는 모든 죄를 버렸을 것이다. 우리는 우리가 알고 있는 자아의 죄들을 십자가에 못 박음으로써 이것을 모두 처리하려고 애썼다. 그리하여 우리는 자랑하지 않게 되었고, 우리 자신을 사랑하지 않게 되었다. 어쩌면 이런 과정에서 스스로 겸손하게 되었고, 공개적으로 제단으로 나아가 우리의 부족함을 고백하고 기도했을 것이다.

좋다! 그런데 바로 이제부터 정말 조심해야 한다. 우리 자신을 의지하는 마음이 우리가 겸손하게 된 이후에 오히려 더 강력하게 침투할 수 있다. 왜냐하면 전보다 더 좋은 토양이 조성되어 있기 때문이다. 우리의 죄들을 버리고 우리의 뜻을 포기하고 우리의 부족함을 고백하고 겸손해진 다음, 오히려 우리의 자기신뢰(自己信賴)는 재빨리 우리의 깊은 곳에서 아주 달콤한 위로의 말을 속삭인다. 이런 속삭임을 들을 때 그리스도인들은 종종 이 속삭임이 성령님으로부터 오는 것이라는 착각에 빠진다. 그렇기 때문에 그들은 스스로 강하다고 생각할 때에 실상은 약하다!

그렇다면 우리의 깊은 곳으로 파고드는 이런 속삭임은 우리에게 무엇이라고 말할까? 이렇게 속삭일 것이다.

"너는 정말 먼 길을 달려왔다. 이제 너는 다른 사람들보다 많이 앞섰다. 너는 죄를 버렸고 스스로 겸손하게 되었다. 너는 저 무기력한 사람들과 다르기 때문에 이제는 강한 자이다. 많은 것들을 극복했고 나쁜 친구들을 끊었고 대가를 지불했으므로 이제 너는 자신을 믿어도 된다. 너는 지금 잘 나가고 있다. 이제는 승리를 얻을 것이다. 물론 하나님의 도움으로 말이다."

나는 이런 것을 가리켜 '등을 살살 긁어주며 아첨하는 것'이라고 부르고 싶다. 이런 것은 부드럽게 위로하고 감싸주기 때문에 우리를 아주 기분 좋게 만들어주는데, 우리의 자아는 언제 이 방법을 써야 할지를 정확히 알고 있다. 그러나 경계하라! 이것은 자기신뢰로 되돌아가는 것이다. 사실 평균적 그리스도인들이 느끼는 거의 모든 기쁨은 자아가 아첨하면서 등을 살살 긁어주는 데서 오는 기쁨이다.

자아가 당신에게 "너는 상당히 괜찮은 존재야!"라고 말하며 등을 살살 긁어줄 때에 조심하라! 자아는 "너는 다른 사람들과 달라!"라고 말하면서 그 증거를 이렇게 댄다.

"너는 나쁜 것들을 다 끊어서 구별된 그리스도인이 되었다. 너는 옛날 찬송가들을 사랑하고 요즘 유행하는 하찮은 복음성가들을 싫어한다. 너는 엄격한 원칙에 따라 살고 있다. 물론 영화(映畵)니 뭐니 하는 현대의 쓰레기 같은 것들도 다 버렸다."

당신은 지금 자신이 어떤 상태에 있는지를 모르고 그냥 아무 문제가 없다고 느낄 뿐이다. 그러나 그렇게 느끼는 것은 죽기를 거부하는 자아가 당신을 위로하고 당신의 등을 살살 긁어주고 당신에게 아첨하기 때문이다. 당신은 자기신뢰가 사라졌다고 믿지만 그것은 아직도 버티고 있다.

하나님의 사랑은 우리에게 엄청난 위로가 된다

우리의 이런 모습을 볼 때 낙심할 수밖에 없지만 감사하게도 우리는 큰 위로를 얻을 수 있다. 그것은 하나님께서 우리를 무한히 사랑하시기 때문이다. 그분은 우리의 영적 성장과 진보에 지극히 관심이 많으시기 때문에 우리 곁에 서서 성실함으로 우리를 가르치고 훈련하고 징계하신다.

언젠가 나는 하나님이 얼마나 우리를 사랑하시고 우리가 그분께 얼마나 소중한 존재인지에 대해 글을 쓴 적이 있다. 그때 나는 "하나님의 마음에서 특이한 점이 하나 있는데, 그것은 하나님께서 우리와 같은 죄인들을 사랑하신다는 점이다"라고 썼다. 사실 나는 내가 이렇게 써도 좋은지 어떤지 확신이 서지 않았다. 아무튼 그분은 내가 말하려고 하는 것을 다 알고 계셨다. 그런데 이런 설명도 "왜 하나님이 우리를 사랑하셨는가?"라는 질문에 충분한 대답은 되지 못한다.

부모의 말을 거역하고 죄를 저질러 종신형을 살게 된 아들이 있다 할지라도 그의 어머니는 그를 사랑하는 법이다. 이런 어머니의 사랑은 자연스러운 것이다. 하지만 우리를 향한 하나님의 사랑은 자연스럽다는 것으로 설명되지 않는다. 그것은 자연스러운 것이 아니라 신적(神的)인 것이다. 그것은 그분의 마음 안에 있는 내적 압력(壓力)에 밀려 밖으로 나오는 것이다. 그렇기 때문에 그분은 우리를 기다리고 우리를 오래 참으시는 것이고 또한 우리를 이끌기를 원하시는 것이다. 그렇다! 하나님은 우리를 사랑하신다.

당신은 하나님을 온전히 신뢰해도 좋다. 그분은 자신의 사랑스러운 자녀인 당신에게 분노하지 않으신다. 그분은 당신에게 심판의 불을 내리기 위해 기다리시지 않는다. 그분은 우리가 흙이라는 것을 아신다. 그분은 우리를 사랑하시고 우리에게 오래 참으신다.

그리스도인이 넘어지거나 실수하거나 잘못을 범할 때마다 주께서 그를 폐기 처분하신다면 나는 벌써 한 점의 조각이 되었을 것이다. 나는 하나님이 어떤 분인지 아는데, 그분은 그런 분이 아니시다. 물론 그분은 필요에 따라 심판을 내리기도 하신다. 하지만 성경에 따르면, 심판은 하나님의 이례적인 일이다. 평생 그분께 반역하는 사람들, 이를 악물고 믿지 않는 사람들, 죄를 사랑하는 사람들, 그분의 사랑과 은혜를 조롱하며 거부하는 사람들, 이런 사람들에게는 하나님의 심판이 임한다. 그러나 소중한 자녀들에 대한 하나님 아버지의 태도는 다르다.

그분은 그들이 영적으로 성장하고 성숙하도록 돌보신다. 그분은 그들이 자신을 온전히 신뢰하고 그들 자신을 완전히 불신해야 한다는 것을 깨닫기를 원하신다.

첫째, 성령님의 거룩한 감동하심으로

우리 자신을 완전히 불신해야 한다는 것을 가르치기 위해 하나님께서 사용하시는 방법은 세 가지이다.

하나님께로부터 오는 이 교훈은 때때로 거룩한 감동을 통해 주어진다. 당신이 아무것도 할 수 없다는 것을 깨닫는 가장 쉽고 좋은 방법은 하나님이 당신의 영혼에게 이 깨달음을 주시는 것이다. 이런 식으로 깨달음을 얻은 사람들이 있다는 것을 나는 잘 안다. 이와 관련하여 생각나는 것은 경건한 로렌스 형제(Brother Lawrence, 1611~1691. 파리의 깔멜파의 평수사로서 식당 일을 하는 가운데 '하나님과 동행하는 사람'이라는 평을 들었는데, 그의 책 「하나님 임재 연습」이 유명하다)의 글이다. 그는 이렇게 말했다.

"하나님께서는 내가 아무것도 할 수 없다는 것을 깨닫게 해 주셨고, 나는 여러 해 동안 하나님의 임재를 의식할 수 있었다."

그의 말을 계속 들어보자.

"내가 예수님께 순종하고 그분의 거룩한 길로 행하겠다고 결심하고 십자가를 졌을 때, 나는 하나님께서 내게 고난을 당하라고 요구하실지도 모른다고 생각했다. 그런데 이유는 잘 모르겠지만 주님은 내게 많은 고난을 허락하지 않으셨다. 단지 주님은 내가 나의 자기신뢰(自己信賴)를 모두 버리고 주님을 온전히 의지하도록 하셨다. 이것은 주님의 십자가를 지는 삶이다. 이것은 주님이 내 안에, 내 주변에, 내 가까이에 계시다는 것을 믿는 삶이다. 그리고 이것은 쉬지 않고 기도하는 삶이다."

놀위치의 줄리안 역시 자신의 복된 체험에 대해 이렇게 썼다.

"하나님께서 거룩한 감동을 통해 내 마음에 빛을 비추어주셨을 때 나는 내가 아무것도 할 수 없는 무가치한 존재이고 예수 그리스도가 모든 것이라는 사실을 깨달았다."

이제 나는 누군가 내게 이렇게 말할지도 모른다고 생각한다.

"토저 목사님, 나는 내가 악하다는 것을 이미 알고 있습니다. 나는 인간의 전적인 부패를 믿습니다."

이런 사람이 있다면 나는 이렇게 대답하겠다.

"인간의 전적인 부패를 확실히 믿는 사람도 사탄처럼 교만해질 수 있습니다. 인간의 부패를 믿는 사람도 자기신뢰에서 벗어나지 못하는 한 하나님의 얼굴이 가려져 승리에 이르지 못할 수 있습니다."

그런데 한 가지 밝혀둘 것은 지금 우리가 신학에서 말하는 전적 부패를 다루는 것은 아니라는 것이다. 우리 조상에게서 우리에게로 악(惡)이 어떻게 전가되는지에 대해 우리가 다 알 수는 없다. 하지만 분명한 것은 인간이 어느 정도 나이를 먹으면 죄를 짓기 시작한다는 사실이다. 이것은 인종과 국적을 불문하고 모든 인간에게서 확인되는 사실이다. 우리는 악한 존재로 태어났고, 그런 점에서 우리 모두는 똑같다.

이 사실에서 우리가 이끌어낼 수 있는 교훈은 이것이다. 즉, 하나님께서 여전히 자기 자신을 의지하는 하나님의 자녀에게 그의 전적 연약함을 성령님을 통해 일깨워주셔야 한다는 것이다. 물론 선생이라는 사람들이 당신에게 "당신은 연약하고 당신의 모든 의(義)는 더러운 옷과 같습니다"라고 가르쳐줄 수도 있을 것이다. 당신은 학교를 다니고 학위를 받고 졸업하여 자신감에 넘쳐 선교사나 목사나 성경 교사로 일할 수도 있다. 그러나 아직도 자기신뢰에 빠져 있는 신자의 이기적인 상태를 깨닫게 해주실 수 있는 분은 성령님뿐이시다. 이런 깨달음이 찾아오면 우리는 오직 그분만을 의지할 것이고, 로렌스 형제처럼 날마다 하나님의 임재 가운데 기뻐하며 살아갈 것이다.

둘째, 무서운 채찍과 단단한 음식으로

우리가 이 교훈을 하나님께 배울 수 있는 또 다른 방법은 매서운 채찍을 통해 배우는 것이다. 내가 이런 말을 하니까 어떤 사람들은 내가 17세기 사람 같다고 생각할지 모르겠다. 이런 말이 요즘 사람들에게 인기가 없다는 것을 나도 잘 안다. 요즘 사람들은 대중음악의 여러 악기들을 동원하여 청중을 즐겁게 해주는 것에 더 관심이 많을 것이다. 그러나 명심하라! 우리의 하늘 아버지께서는 자신의 자녀들에게 스스로를 의지하지 못하도록 가르치기 위해 매서운 채찍을 드실 수도 있다.

나도 원하면 1년 동안 주일(土日)마다 시편 23편을 가지고 설교할 수 있다. 그런 다음 이사야서 53장을 가지고 오랫동안 설교하고, 그 다음에는 고린도전서 13장을 가지고 설교할 수 있다.

그러나 만일 내가 그렇게 한다면 내 교인들이 어떻게 변할까? 그들은 지극히 부드럽고 상냥하고 나긋나긋한 사람들이 되고 결국 아무짝에도 쓸모없는 신자들이 될 것이다!

때때로 주님은 우리를 징계하고 훈육하고 매섭게 채찍질하셔야 한다. 자식에게 설탕이 많이 들어간 과자만을 계속 먹이는 부모는 없을 것이다. 그렇게 하면 아이들의 이가 모두 썩을 것이다. 그들이 건강을 유지하고 튼튼해지려면 단단한 음식도 반드시 먹여야 한다.

매서운 채찍이라는 말을 들을 때 우리는 즉시 구약의 욥이라는 사람을 떠올릴 수 있다. 사실 우리는 욥을 많이 동정한다. 인간의 본능적인 동정심 때문에 많은 사람들은 하나님이나 욥의 아내보다는 욥을 편든다. 그러나 그가 결코 겸손하지 않았다는 것을 당신은 알고 있는가? 그가 기도의 사람이었던 것이 사실이고, 자기 자녀들이 전날 밤 잔치 때에 범죄했을지도 모른다는 이유 때문에 희생제사를 드릴 정도로 경건했던 것도 사실이지만 그는 결코 겸손하지 않았다. 그가 길게 이야기하는 중에 "내가 이전 달과 하나님이 나를 보호하시던 날에 지내던 것같이 되었으면 … 그때는 내가 나가서 성문에 이르기도 하며 내 자리를 거리에 베풀기도 하였었느니라"(욥 29:2,7)라고 말했다는 것을 기억하라.

요즘 말로 하면 당시 그는 막강한 유명인사였기 때문에 사람들로부터 대접을 받았다. 당시 사람들은 길거리의 목 좋은 곳에 자리를 만들어 존경 받는 사람들을 앉히곤 했는데, 그가 바로 그런 곳에 앉았다. 욥은 "나를 보고 소년들은 숨으며 노인들은 일어나서 서며"(욥 29:8)라고 말했다. 다시 말해서, 그가 길거리에 나타나기만 하면 사람들이 "저기 오는 사람이 누군가? 지체 높은 욥 선생이 아닌가?"라고 말했다는 것이다.

그는 "오, 이제 내가 여기 재 가운데 누웠도다. 사람들이 나를 내쳤으니 누구도 내게 표를 던지지 않을 것이다. 하지만 한때는 방백들이 내 앞에서 말을 삼가고 손으로 입을 가리기도 했었노라"라고 말했다.

욥은 넝마주이가 아니라 대단한 사람이었다. 그는 자기가 대단한 존재라고 생각했는데, 그것이 불행의 시작이었다. 즉, 자기가 대단한 존재라는 생각 때문에 그에게 그런 혹독한 시련이 닥쳤던 것이다. 형제여! 당신이 대단한 사람이라면, 당신 자신도 그렇게 생각한다면, 그리고 당신이 하나님의 자녀라면 당신에게도 시련이 찾아올 것이다.

결국 하나님의 위엄과 능력을 목도한 욥은 "오, 하나님! 제가 이제까지 말을 많이 하였지만 이제는 손으로 제 입을 가립니다. 저는 가증한 사람입니다"라고 고백했다. 그때 비로소 하나님께서는 "욥아, 이제 됐다. 이제 다른 사람들을 위해 기도하라"라고 말씀하셨다. 욥은 자기를 위로하려고 애쓴 친구들을 위해 기도했고, 하나님은 그에게 그 전 소유보다 갑절이나 주셨다.

셋째, 다양한 시험을 통해

하나님께서 자기신뢰라는 우리의 약점을 처리하시는 세 번째 방법이 있다. 성경을 많이 공부한 사람이라면 이 방법이 어떤 것인지 쉽게 알 수 있을 것이다. 왜냐하면 이것은 다양한 시험을 통한 방법이기 때문이다.

하나님께서 시험에 맞서라고 요구하실 때 어떤 그리스도인들은 낙심하는 경향이 있다. 그러나 다양한 시험이 찾아올 때 오히려 영적으로 용기를 내야 할 것이다. 하나님께서 시험을 허락하시는 것은 우리의 결점을 폭로하기 위함이 아니라 우리가 하나님의 자녀이기 때문이다. 그분이 다양한 시험을 통해 우리를 대하시는 것은 우리가 그분의 말씀에 귀를 기울일 정도로 마음이 여리다는 것을 아셨기 때문이며, 그분께 가까이 가려는 마음이 우리에게 있기 때문이다. 오직 그분은 자기신뢰에 빠져서는 안 된다는 것을 우리에게 가르쳐주기 위해 우리에게 시험을 허락하시는 것이다.

시험이 찾아올 때 당신은 시험에 백기(白旗)를 들고 "오, 하나님! 이런 시험이 닥치는 것을 보니 하나님께서 저를 원하지 않으시는 것이 분명합니다"라고 말해서는 안 된다. 그분의 은혜로 시험을 통과하게 된다면, 그것을 당신이 어제보다 오늘 영원한 집에 더 가까이 갔다는 표시로 여기라.

이런 시험의 과정을 거쳐 연단을 받은 하나님의 사람들이 성경에 등장한다. 주님을 결코 부인하지 않겠다고 큰소리쳤던 베드로를 보라. 악한 자들이 주님을 십자가에 못 박기 위해 체포하여 조롱하며 재판할 때 그는 주님을 부인했다. 그런데 그가 자신의 이런 부인을 자기가 그리스도의 제자가 아니라는 증거로 여겼다면 어떻게 되었겠는가? 그가 주님을 부인한 일은 견디기 힘든 일이었지만 또한 그는 그 사건을 통해 하늘 아버지께서 주신 아주 효과적인 교훈을 배울 수 있었다. 즉, 그는 자기가 계속 자신의 능력을 의지하면 아주 형편없는 신자가 될 수밖에 없다는 교훈을 배웠다.

하나님께서 우리가 어떤 존재인지 드러내시기 전까지는 어느 누구도 자기가 얼마나 연약하고 무익한 존재인지를 알지 못한다. 사실 자기가 어떤 존재인지 드러나기를 원하는 사람은 아무도 없다. 그러나 우리보다 비교할 수 없을 정도로 지혜로우신 하나님께서는 우리의 유익을 위해 우리의 상태를 폭로하셔야 한다는 것을 잘 아신다.

우리의 상태가 성령님에 의해 드러나기까지는 우리 중 어느 누구도 자신이 얼마나 불안정한지 알지 못한다. 베드로는 담대하고 강한 어부였기 때문에 그가 "주님, 모두가 도망할지라도 저는 주님 곁에 있겠습니다. 저를 믿으셔도 좋습니다"라고 말하는 것은 당연한 일로 보였을 것이다. 그는 "오늘밤 닭 울기 전에 네가 나를 세 번 부인할 것이다"라는 주님의 말씀을 인정하기 어려웠을 것이다. 그러나 주님은 자기의 힘과 자기신뢰로 서려고 애쓰는 사람들이 얼마나 연약한지를 잘 알고 계셨다.

우리는 자신이 얼마나 불안정한지 모른다. 종종 우리는 이런 자신의 상태가 드러나면 그것을 인정하기를 거부한다. 우리의 좋은 습관이나 미덕을 의지하는 것 역시 매우 위험스럽다. 그렇기 때문에 하나님께서는 우리가 자기신뢰에 빠지지 않도록 만드시는 것이다.

하나님을 과소평가하고 자신을 과대평가한 죄를 회개하라

오, 형제들이여! 하나님은 우리의 하나님이시다. 그러므로 내가 권하노니, 그분을 사랑하고 신뢰하고 오직 그분만을 의지하라. 우리 자신을 계속 의지한다면, 즉 자신의 훈련과 교육과 재능과 인간적인 판단을 의지한다면 우리는 하나님을 과소평가하는 것이고 우리 자신을 과대평가하는 것이다. 하나님의 영광을 빼앗아 우리의 자아에게 돌리는 것이다. 이것은 매우 부끄러운 일이다. 왜냐하면 그분만을 온전히 신뢰해야 하는데 그렇게 하지 않는 것이기 때문이다. 심지어 우리가 "하나님은 만물의 근원이시고 원천이시다"라고 말하면서 그분의 속성들을 다 알고 신학에 박식한 사람이 된다 할지라도 우리는 마음속으로 우리 자신을 과대평가하는 잘못을 범할 수 있다.

이런 점에서 우리는 회개하고 용서를 받아야 한다. 날마다 하나님과 동행하면서 승리를 얻는 방법에 대해 언급하는 중에 로렌스 형제는 실패와 잘못을 해결할 수 있는 간단하고 직접적인 방법에 대해 조언했다. 그는, 우리가 실수와 잘못을 범할 때 그것을 고백하지도 않고 용서받지도 않고 그냥 넘어가서는 안 된다고 가르쳤다.

요컨대 그는 이런 취지로 말했다.

"잘못을 범하면 나는 주께 곧바로 나아가 '주님, 제가 바로 이런 존재입니다. 주님이 저에게 용서와 도움을 베풀지 않으신다면 저는 이런 식으로 살아갈 수밖에 없습니다. 왜냐하면 제가 본래 이런 존재이기 때문입니다'라고 말씀드린다. 그러면 주님이 나를 용서하셨고 나는 바로 거기서 새롭게 출발했다."

어떤 사람들은 회개하여 용서를 받으려면 오랜 시간의 과정을 거쳐야 한다고 주장하지만, 나는 반드시 그럴 필요는 없다고 생각한다. 최고의 회개는 죄로부터 돌이켜 하나님께 돌아가서 다시는 죄를 짓지 않는 것이다.

이것이 온 세상에서 최고의 회개이다. 하나님께서는 우리가 어떤 존재인지를 그분께 밝히고 인정하는 절차를 복잡하게 만드시지 않았다. 그것을 단순하게 만드셨고, 그것에 대해 큰 보답을 약속하셨다. 그런데 어찌하여 우리는 하나님을 온전히 의지하는 데 그토록 시간이 많이 걸리는가?

하나님 편인가, 세상 편인가

초판 1쇄 발행	2008년 6월 27일
초판 14쇄 발행	2024년 2월 7일
지은이	A. W. 토저
옮긴이	이용복
펴낸이	여진구
편집	이영주 박소영 최현수 안수경 김도연 김아진 정아혜
책임디자인	마영애 노지현 조은혜 이하은
홍보·외서	진효지
마케팅	김상순 강성민
마케팅지원	최영배 정나영
제작	조영석 허병용
경영지원	김혜경 김경희

303비전성경암송학교 유니게 과정
이슬비전도학교 / 303비전성경암송학교 / 303비전꿈나무장학회

펴낸곳 규장

주소 06770 서울시 서초구 매헌로 16길 20(양재2동) 규장선교센터
전화 02)578-0003 팩스 02)578-7332
이메일 kyujang0691@gmail.com   홈페이지 www.kyujang.com
페이스북 facebook.com/kyujangbook   인스타그램 instagram.com/kyujang_com
카카오스토리 story.kakao.com/kyujangbook
등록일 1978.8.14. 제1-22

ⓒ 한국어 판권은 규장에 있습니다.
이 출판물은 저작권법에 의해 보호를 받는 저작물이므로 무단 전재와 무단 복제를 할 수 없습니다.

책값 뒤표지에 있습니다.
ISBN 978-89-6097-059-5 03230

규 | 장 | 수 | 칙

1. 기도로 기획하고 기도로 제작한다.
2. 오직 그리스도의 성품을 사모하는 독자가 원하고 필요로 하는 책만을 출판한다.
3. 한 활자 한 문장에 온 정성을 쏟는다.
4. 성실과 정확을 생명으로 삼고 일한다.
5. 긍정적이며 적극적인 신앙과 신행일치에의 안내자의 사명을 다한다.
6. 충고와 조언을 항상 감사로 경청한다.
7. 지상목표는 문서선교에 있다.

하나님을 사랑하는 자 곧 그의 뜻대로 부르심을 입은 자들에게는 모든 것이 合力하여 善을 이루느니라(롬 8:28)

규장은 문서를 통해 복음전파와 신앙교육에 주력하는 국제적 출판사들의 협의체인 복음주의출판협회(E,C,P,A:Evangelical Christian Publishers Association)의 출판정신에 동참하는 회원(Associate Member)입니다.